Bobby Schenk · Navigation – nur zum Ankommen

Bobby Schenk

NAVIGATION nur zum Ankommen

Delius Klasing Verlag

Weder Verlag noch Autor haften für die Richtigkeit oder Vollständigkeit der Informationen in diesem Buch, der Rechengänge oder Formeln. Jegliche Haftung, vor allem für Folgeschäden, ist ausgeschlossen.

Elektronische Geräte werden ohne Rücksicht darauf erwähnt oder gezeigt, ob sie postalischen Zulassungsbedingungen in Deutschland oder anderen Ländern entsprechen. Der Benutzer, Errichter oder Betreiber derartiger Anlagen ist selbst verpflichtet, sich um die gesetzlichen Voraussetzungen zum Errichten und Betreiben derartiger Anlagen zu kümmern.

Die Deutsche Bibliothek — CIP-Einheitsaufnahme

Schenk, Bobby:
Navigation — nur zum Ankommen/Bobby Schenk. — 2. Aufl. —
Bielefeld: Delius Klasing, 1993
  ISBN 3-7688-0660-X

2. Auflage
ISBN 3-7688-0660-X

© Copyright by Delius Klasing & Co., Bielefeld
Einbandgestaltung: Siegfried Berning
Fotos: H.-G. Kiesel (9), P. Kleinoth (1), B. Schenk (16)
Zeichnungen: E. Schonart (4), H. Seltmann (19)
Mit freundlicher Genehmigung des Bundesamtes für See-
schiffahrt und Hydrographie (BSH), Hamburg: Auszüge aus
Karte 1 (INT 1), Seekarten und Nautischem Jahrbuch;
der N.V. Verlagsgesellschaft, Arnis: Sportschiffahrtskarte
Printed in Germany 1993
Druck: Kunst- und Werbedruck, Bad Oeynhausen

Inhalt

Beilage: Ausschnitt aus der Seekarte D 681 für Übungszwecke

Vorwort

Eine der großen Faszinationen beim Fahrtensegeln ist die Freiheit auf den Meeren. Nicht einmal die Wanderwege, die „Straßen", sind vorgegeben. Wegweiser gibt es nicht, jeder sucht sich seine eigenen Pfade. So gut er kann.

Wie gut oder auch wie schlecht er es kann, hängt davon ab, wie der Skipper ausgebildet wurde; oder verbildet wurde. Hat er sich in der Ausbildung etwa mit Vierstrichpeilungen, Großkreisberechnungen, dem Zeichnen von Lotstreifen oder gar mit der abgestumpften Doppelpeilung herumschlagen müssen? Dinge, die er in der Praxis niemals brauchen wird.

In meinen Augen ist nur der ein zuverlässiger Navigator, der alles Notwendige kann, ja beherrscht — notfalls im Schlafe. Und wie so oft im Leben ist es auch in der Navigation: Das unbedingt Notwendige ist auch das Einfachste bei seiner Anwendung.

Deshalb soll man aus der Navigation auch keine Geheimwissenschaft machen. Das versperrt nur den Blick für das Wesentliche. Wir alle, die wir das Meer lieben, haben doch das allererste Interesse, daß es nur sichere Navigatoren gibt, die diejenigen, die sich ihnen anvertrauen, wieder heil in den schützenden Hafen zurückbringen.

Ich habe in dieses Buch alles das geschrieben, was auch ich für das Navigieren, also zum sicheren Ankommen, in den Küstengewässern Europas benötigt habe. Nicht mehr! Es ist gewiß kein Zufall, daß dafür keinerlei Vorkenntnisse, schon gar keine mathematischen, erforderlich sind. Gefragt ist nur der gesunde Menschenverstand — und ein bißchen Liebe zur See und zur Natur!

Was aber nicht heißt, daß nicht auch der Könner in Navigation in diesem Buch den einen oder anderen für ihn neuen Tip aus der und für die Praxis findet.

Bobby Schenk

1

Navigator werden ist nicht schwer

Vorab ein paar wichtige Ratschläge für den Anfänger in der Navigation:

● Wählen Sie für die ersten Törns unter eigener Verantwortung ein Revier mit reiner Küste und wenig Strom (z. B. Ostsee, IJsselmeer, Mittelmeer)!

● Überprüfen Sie vor dem Start die Navigationsausrüstung. Bereiten Sie den Törn nicht nur hinsichtlich Verpflegung und Getränke, sondern auch navigatorisch sorgfältig vor! Besonders der Anfänger sollte lieber zu viel Karten und Handbücher dabeihaben als zu wenig.

● Scheuen Sie sich nicht, vor dem Törn erfahrene und revierkundige Segler um Rat zu fragen! Lassen Sie sich von denen einen empfehlenswerten Kurs in die Karte einzeichnen!

● Planen Sie viel Zeit ein!

● Starten Sie nie bei schlechtem Wetter!

● Segeln Sie nicht nachts!

● Der Navigator sollte von allen anderen Aufgaben wie Kochen, Rudergehen und ähnlichem befreit sein!

● Hüten Sie sich vor der Seekrankheit. Verlassen Sie bei den ersten Anzeichen körperlichen Unwohlseins die Navigationsecke, und begeben Sie sich an die frische Luft!

● Wenn es auf Ihre Navigation ankommt, wählen Sie den zuverlässigsten Rudergänger und bitten ihn, besonders konzentriert Kurs zu halten! Kann wegen der Windrichtung ein bestimmter für die Navigation wichtiger Kurs nicht mehr gehalten werden, benutzen Sie den Motor.

● Kontrollieren Sie Ihre Rechen- und Meßergebnisse immer wieder. Seien Sie sich Ihrer Sache niemals hundertprozentig sicher!

● Lassen Sie sich bei der Navigation Zeit. Drehen Sie bei oder segeln Sie notfalls im Kreis, bis Sie sich Ihres Schiffsortes sicher sind! Segeln Sie nie nach dem Motto: „Es wird schon gutgehen!"

Es ist doch merkwürdig: Da sind stolze Besitzer von Segel- oder Motoryachten im zivilen Leben gestandene Männer oder Frauen, sind meist im Beruf recht erfolgreich, haben überhaupt im Leben eine Menge geleistet, und jetzt, wenn es darum geht, ihre neuerworbene Yacht oder zum erstenmal ihre Familie auf einer für den Urlaubstörn gecharterten Yacht in harmlosen Küstengewässern spazierenzusegeln, da bekommen sie plötzlich Nerven. Die Navigation ist es, die Unbehagen bereitet.

Für viele, ja für die meisten Anfänger ist die Navigation ein Buch mit sieben Siegeln. Deshalb steht derjenige, der diese „Wissenschaft" beherrscht, im Mittelpunkt der Bewunderung. Häufig ist der Navigator auf einer Yacht das angesehenste Besatzungsmitglied, und er rangiert in der Reihe der Respektspersonen manchmal noch vor dem Skipper. Oder gar vor dem Smutje!

Später aber, wenn der berühmte Groschen gefallen ist, kann man es gar nicht mehr verstehen, daß man sich die Sache so schwierig vorgestellt hat. Man hätte sich viel Aufregung ersparen können.

Navigation: einfacher als Spleißen

Denn: Navigation ist eine der logischsten und deshalb einfachsten Tätigkeiten an Bord überhaupt – viel einfacher als beispielsweise Spleißen. Und nur weil das so wenige wissen, ist dem Navigator Respekt immer sicher.

Wenn Sie also Anerkennung im Leben suchen, dann werden Sie Navigator! Wie? Sie haben keine Ahnung von Mathematik? Sie können keine Vierstrichpeilung? Sie haben noch nie etwas von einer Leitpunktberechnung gehört, und wegen des Zahlensalats fällt Ihnen die Logarithmentafel aus der Hand?

Macht alles nichts. Ganz im Gegenteil, dann sind Sie genau der/die richtige Leser(in) für dieses Buch. Denn ich setze keine, auch keine versteckten, Grundkenntnisse in der Navigation voraus und bringe Ihnen trotzdem in gebotener Kürze – ohne zu pauken – bei, wie Sie Ihre Mitsegler zuverlässig wieder heil nach Hause bringen.

Noch etwas. Wenn Ihnen mal ein altes Büchlein über Navigation in die Hände fällt, dann werden Sie verwundert feststellen, daß dessen Umfang ziemlich klein ist, während die modernen Navigationsbücher immer dicker werden. Dabei sollte es gerade umge-

kehrt sein. Denn all die schönen elektronischen Navigationsmittel wie Radar, Decca und Satellitenempfänger sind doch nicht erfunden worden, um die Navigation komplizierter zu machen. Vielmehr sollen sie es dem Skipper ermöglichen, leichter und sicherer wieder nach Hause zu finden. Lächerlich ist deshalb die Warnung, man müsse erst mal einen (teuren) Kursus besuchen, um solche Navigationshilfen bedienen zu können.

Man sollte es nicht glauben: In manchem Verbandsfunktionärskopf spukt sogar der Gedanke an einen neuen Führerschein, nämlich den Radarschein! Besser wäre es doch, den Leuten zu sagen: „Wenn ihr es euch vom Geldbeutel (und von der Schiffsgröße) her leisten könnt, dann kauft euch so ein schönes Radargerät. Das ist in jedem Fall gut für die Sicherheit! Die letzten Feinheiten aus dem Radar holt ihr allerdings nur dann heraus, wenn ihr es euch von einem Fachmann erklären und euch einweisen laßt."

Den Sinn dieses Buches sehe ich so: Alles, was gut und zweckmäßig ist, wird erklärt, unabhängig davon, ob es einfach und althergebracht (und damit auch billig) oder als elektronische Navigationshilfe leistungsfähig (und damit etwas teurer) ist.

All das aber, was die Sache unnötig kompliziert macht, was uns den Spaß an der Navigation verdirbt, was dazu dient zu zeigen, wie gescheit manche Navigationslehrer (und wie dumm wir) sind – all das, was nur in Lehrbüchern und nicht in der Bordpraxis funktioniert, was wir also zum sicheren Ankommen nicht brauchen, werfen wir über Bord.

Denn Navigation ist nur: sicher ankommen. Gleichgültig, ob wir mit Decca (das ist dasselbe wie der AP-Navigator), mit den Satelliten, also mit dem modernen GPS-System, mit Radar oder ob wir zum Beispiel nach alter Väter Art mit Peilkompaß, Lot oder den Gestirnen arbeiten: Einige wenige Dinge müssen wir beherrschen, notfalls lernen. Zu den unverzichtbaren Navigationshilfen gehören:

- die Seekarte mit dem Koordinatensystem
- der Magnetkompaß
- die vier Grundrechenarten

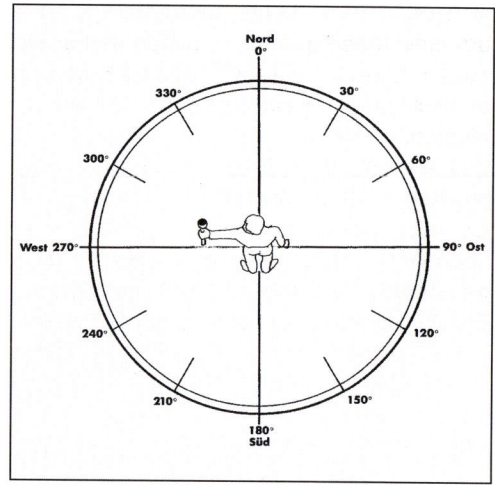

Rechnen ist kaum notwendig

Das bißchen Rechnerei in der Navigation, das auf uns zukommt, ist so einfach, daß es sich zur Not auch im Kopf machen läßt. Unser Gehirn ist Navigationsgerät Nummer eins an Bord, wiewohl es ziemlich unzuverlässig ist. Jeder, der schon mal den Bug seiner Yacht Richtung See gerichtet hat, weiß, daß bei schlechtem Wetter, wenn Aufregung, Streß oder schlicht und einfach Angst das Kommando übernimmt, unser Zentralcomputer zu erstaunlichen Fehlleistungen oder Verweigerungen fähig ist. Die einfachsten Additionen bereiten dann schon Kopfzerbrechen, von anderen Aufgaben ganz zu schweigen. Das geht jedem so und ist normal. Ein schlichter Zehn-Mark-Taschenrechner dagegen ist unanfällig gegen Seekrankheit; deshalb sollte man die Ausrechnerei selbst einfachster Aufgaben ihm überlassen.

Ein paar ganz wichtige Dinge aber weiß der Billigrechner nicht. Zum Beispiel, daß in der Navigation häufig mit Grad, Minuten und − selten − mit Sekunden gerechnet wird.

Zur Auffrischung also: Ein Winkelgrad (1°) besteht aus 60 Winkelminuten (60′) und jede Winkelminute aus 60 Winkelsekunden (60″) oder − gebräuchlicher in der Navigation − aus zehn Zehntelminuten (oder, im Decca-Zeitalter, aus 100 Hundertstelminuten). Mit Winkelminuten werden wir als Anfänger fast nie rechnen müssen. Trotzdem sollten wir darauf achten, daß wir die Winkelminuten nicht mit den Zeitminuten auf unserer Armbanduhr verwechseln. Deshalb ist es gute Übung, alle Minuten (oder auch Sekunden), die sich nicht auf reine Zeitangaben

Muß vom Navigator im Schlaf beherrscht werden: das Arbeiten mit der 360°-Teilung des Kreises. Dieser Kamerad peilt nach Westen oder, besser gesagt, nach 270°, denn die Himmelsrichtungen geben nur die ungefähre Richtung wieder. Nur Angaben in Grad sind in der Navigation verwertbar.

beziehen, zur Unterscheidung als *Winkelminuten* oder *Bogensekunden* oder so ähnlich zu bezeichnen.

Mit den Graden werden wir immer konfrontiert werden, auch als Anfänger. Damit müssen wir gelegentlich auch rechnen. Wenn sich der Skipper im Cockpit einmal im Kreise dreht und dann wieder zum Bug schaut, hat er sich um 360°, also einmal im Vollkreis, gedreht. Peilt eine Tonne querab, dann bildet die Peilung zur Mittschiffslinie einen Winkel von 90°. Ist die Tonne aber genau achteraus, dann beträgt der Winkel 180°. Sich das zu vergegenwärtigen, ist wichtig. Eine Navigation ohne die 360°-Teilung eines Kreises ist undenkbar.

Die 360° eines Kreises werden in der Navigation immer im Uhrzeigersinn, also nach rechts gezählt!

Und noch etwas Wichtiges: In der Navigation gibt es keine negativen Gradzahlen oder Gradzahlen über 360. Wenn der Skipper sich einmal rechtsherum im Kreis gedreht hat, um den Horizont abzusuchen, und anschließend sich weiter nach rechts (Steuerbord) wendet, um eine Tonne querab zu peilen, hat er sich zwar um insgesamt 450° (360+90) gedreht, er blickt aber in einem Winkel von 90° zur Mittschiffslinie.

Von allen Winkeln über 360° dürfen wir, ja, müssen wir 360° abziehen!

Genauso dürfen wir bedenkenlos zu einem negativen Winkel, wie er bei Rechnungen gelegentlich entsteht, die 360° hinzuzählen. Ein Winkel von −20° ist also in Wirklichkeit:

$$\begin{array}{r} - \ 20° \\ +360° \\ \hline 340° \end{array}$$

Wer Schwierigkeiten mit dem Hinzuzählen von negativen Zahlen hat, ist mit einem billigen Taschenrechner gut bedient. Er macht nämlich keine Vorzeichenfehler. Man muß allerdings eine Zahl negativ eingeben können (meist mit der Taste +/−).

Winkel, Kurse sowie Mißweisung und Ablenkung (darin stecken Kräfte, die den Kompaß ablenken) werden immer in Grad angegeben. Wenn die Gradzahlen nicht zwischen Null und 360 liegen, dann stimmt irgend etwas nicht. Also: nachrechnen! Mehr an geistigen Werkzeugen benötigen wir zunächst nicht.

Kursermittlung – das ist die ganze Kunst

„Um was geht es in der Navigation?" Immer, wenn ich zu einem nautischen Thema einen Vortrag halte, stelle ich meinen Zuhörern zu Beginn diese Frage. Nur ganz selten bekomme ich die Antwort, die ich eigentlich hören möchte. Die häufigste – falsche – Antwort ist: „In der Navigation geht es um den Schiffsort."

Stellen Sie sich vor, Sie sitzen in der Navigationsecke und rufen Ihrem Steuermann nach oben zu: „Wir befinden uns jetzt exakt auf 38 Grad 45,4 Minuten Nord und 1 Grad 15,2 Minuten Ost." Was wird er Ihnen wohl antworten? Wenn er höflich ist, wird er vielleicht

sagen: „Wie schön, das zu wissen, aber was soll ich damit?"

Nein, darum geht es in der Navigation nicht in erster Linie. Das einzig Interessante ist doch das sichere Heim(Hafen-)finden! Vergegenwärtigt sich der Navigator das, dann wird er von selbst darauf kommen, daß am Ende aller navigatorischen Überlegungen letztlich der Kurs steht, den man steuern soll. Gleichgültig, wie man den ausdrückt. Der eine wird seinen Steuermann bitten, ein wenig mehr nach Steuerbord zu halten, der andere wird die Anweisung geben: „Kurs Westnordwest" (selten!), und der dritte ruft aus der Navigationsecke: „Zwo-sechs-null steuern!" Die ganze Kunst in der Navigation wird also darauf hinauslaufen, diesen Kurs herauszufinden.

Wunschtraum des Navigators

Aber wie? Am einfachsten wäre es, wenn der Navigator sich selbst und sein Schiff in die Umgebung eingeordnet sähe.

Was müßte die ideale Navigationshilfe leisten? Stellen wir uns einen Satelliten vor, dessen Infrarot-Kamera unsere Yacht auch bei Nacht und Nebel ausmachen könnte. Über Funk würde dann das Satellitenbild auf einen Bildschirm an Bord gesendet werden, so daß wir auf dem Bildschirm unser Schiffchen und dazu den Küstenverlauf sehen könnten. Der Bildausschnitt müßte sich vergrößern (damit wir auch den Zielhafen sehen) oder verkleinern lassen (damit wir feststellen könnten, ob die Yacht sicher um die nächste Huk schrammt).

Die Wassertiefe würde darüber hinaus in verschiedenen Farben dargestellt oder – wo es ganz genau sein muß – mit Ziffern angegeben sein, und die Strömungen wären ebenfalls gekennzeichnet.

Wenn der Navigator so eine Navigationsanlage zur Verfügung hätte, brauchte er von Navigation nichts mehr zu verstehen, denn jeder vernünftige Seemann könnte anhand

Zukunftsmusik: Die Yacht wird über einen Satelliten angepeilt, der ihre Position ermittelt und die Navigationssituation mitsamt der geographischen Umgebung der Yacht per Funk auf den Bildschirm in der Kartenecke überträgt.

dieser Informationen entscheiden, ob er weiter nach rechts (Steuerbord) oder nach links (Backbord) halten muß, um heil an der Küste entlangzusegeln.

Für ein Jahrzehnt sicher noch handelt es sich hierbei um des Navigators Traum, obwohl wir an der Verwirklichung ganz nah dran sind. Die Anfänge sind schon gemacht.

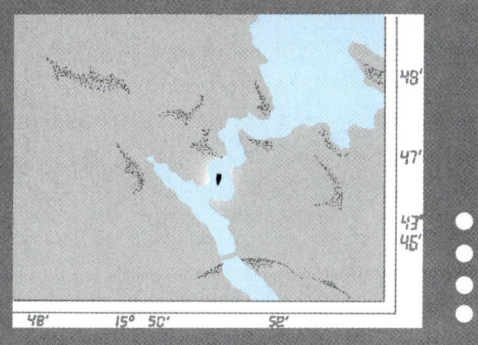

Das Radar beispielsweise kann unsere Yacht in ihrer Umgebung abbilden. Was fehlt, sind die Angaben über Wassertiefen und Strömungen. Außerdem entspricht der Küstenverlauf auf dem Bildschirm nicht immer dem tatsächlichen Verlauf.

Auf der elektronischen Seekarte, die, in verschiedenen Variationen, in letzter Zeit immer wieder auf Ausstellungen vorgestellt wird, ist die Umgebung mehr oder weniger genau abgebildet; dafür ist die Position der Yacht noch mit einigen Fehlern behaftet − je nachdem, nach welcher Methode der Schiffsort bestimmt wird.

Diese Wunschträume zeigen, worum es in der Navigation geht. Wenn der Navigator ein fertiges Bild von der Yacht und der Umgebung hat, dann ist es nicht mehr schwierig, den Kurs abzusetzen. Deshalb dreht sich, seit Menschen zur See fahren, alles darum, ein Bild des Schiffes in seiner Umgebung zu gewinnen.

Die Seekarte
zeigt uns die Umgebung

Und das erreichen wir mit der Seekarte, in die wir die Position der Yacht einzeichnen. Dann brauchen wir von der Navigation nicht mehr viel zu verstehen, um zu entscheiden, wohin die Yacht segeln muß.

Die gesamte Navigation spielt sich also immer in folgenden Schritten ab:

1. Wir zeichnen − symbolisch mit einem kleinen Bleistiftkreis − unsere Yacht in der Seekarte auf der Stelle ein, an der sie sich gerade befindet.

2. Wir suchen auf der Karte den Ort, wo wir hin wollen, also meist den Zielhafen.

3. Wir messen aus der Karte den Kurs, der uns zum Ziel bringt. Dann nennen wir dem Mann am Rohr den Kompaßkurs, den er steuern soll.

Ganz einfach also! Zumindest der zweite und der dritte Schritt bereiten − meist − keine größeren Schwierigkeiten.

Punkt 1 kann vollkommen problemlos sein: Wenn wir an einer Tonne vorbeisegeln (zumal im Frühjahr, wenn die Aufschrift meist noch frisch und daher gut lesbar ist), brauchen wir das Seezeichen nur in der Seekarte zu suchen und gleich daneben einen kleinen Kreis zu zeichnen. In der Ostsee haben wir diesen Fall häufig, in den meisten anderen Gewässern der Welt jedoch gehört diese Art der Standortbestimmung mangels Tonnen zu den Ausnahmen.

Gewöhnlich ist die Schiffsortbestimmung erheblich schwieriger. Deshalb sind wegen Punkt 1 schon ganze Bibliotheken gescheiter Bücher geschrieben worden, haben sich Parlamente mit diesem Problem auseinandergesetzt, haben Spione Kopf und Kragen riskiert (und verloren!) und sind Kontinente entdeckt worden. Auch heute, im Zeitalter der Mikrochips und Elektronen, dreht sich die Navigation vor allem um den Punkt 1.

Die drei Punkte sagen im übrigen aus, welche Grundausrüstung an Bord jeder Yacht sein muß, wenn sie auf das Meer oder einen großen See hinausfährt: Karte und Magnetkompaß.

Ich habe am Mittelmeer schon Yachten gesehen, die zwar mit Elektronik vollgestopft waren, die aber — so unglaublich das klingen mag — über diese Grundausstattung nicht verfügten. Vom Überführungstörn her waren zwar Karten an Bord, nicht jedoch die für das Revier passende. Und daß auf einem der Schiffe ein Magnetkompaß fehlte, merkte der stolze Eigner erst, als sein Bootsmann wegen des hohen Stromverbrauchs den Kreiselkompaß verdammte.

Umgekehrt kann ein Navigator mit Karte und Kompaß allein — mit der nötigen Vorsicht — an allen Küsten der Welt navigieren. Allerdings muß er ein Könner in seinem Fach sein. Man kann den Meisternavigator also unter Umständen an der kargen Ausstattung seiner Navigationsecke erkennen. Das mag ein kleiner Dämpfer sein für die Skipper, die

voller Stolz dem Besucher ihre elektronischen Spielzeuge vorführen.

Befassen wir uns zunächst mit der Karte. Daß eine Autokarte an Bord nichts zu suchen hat, ist selbstverständlich, selbst wenn auf ihr das Segelrevier ganz abgedeckt sein sollte. Denn die Autokarte enthält Details, die nur den Autofahrer interessieren (zum Beispiel Qualität der Straße), während für uns wichtige Details (zum Beispiel die Wassertiefen) fehlen.

Wie viele und welche Seekarten benötigen wir? Die Antwort könnte lauten: alle, die es für das Revier gibt, und zwar die aktuellsten. Denn wenn man sich mit allen Seekarten für das entsprechende Seegebiet eindeckt, kann man nichts falsch machen. Gleichwohl rate ich zur Zurückhaltung. Ich halte es für überflüssig, zig teure Seekarten mit zig Hafenplänen mitzuschleppen, wenn man nur zwei Häfen anlaufen möchte.

Und wenn man aus Wettergründen oder im Falle einer Havarie in einen nicht eingeplanten Hafen flüchten muß?

Mit diesem Risiko kann man leben. Denn in — extrem seltenen — Notfällen wird man ganz besonders umsichtig und defensiv navigieren, in erster Linie die Augen zu Hilfe nehmen und sich von anderen Seglern oder von Fischern sagen lassen, wohin der Weg führt.

Müssen es tatsächlich immer die aktuellsten Seekarten sein?

Wenn man es sich leisten kann, ja. Wenn nicht, dann tun es auch ältere Karten, vorausgesetzt, man navigiert vorsichtig. Wir sollten die Sache nicht dramatisieren. In unseren Regionen verändert sich die Landschaft nur wenig. Neue Riffe wachsen nicht plötzlich empor. Allein von Menschenhand gefertigte Anlagen verändern sich, kommen neu hinzu. Wenn man das berücksichtigt, kann mit der nötigen Vorsicht auch mit älteren Karten ganz gut und sicher navigiert werden. Nachts und bei unsichtigem Wetter wird der Anfänger ohnehin nicht segeln. Dies gilt freilich nicht für stark betonnte

Reviere mit Tiefwasserwegen und Verkehrstrennungsgebieten. Hier wird man die aktuellen Karten benutzen, weil damit die Navigation sorgenfreier und deshalb einfacher ist.

Ich hätte beispielsweise keine großen Bedenken, an der Westküste Spaniens mit einer zehn Jahre alten Seekarte herumzusegeln. Was kann schon passieren? Die Kennungen der Leuchtfeuer haben sich vielleicht geändert. Ja und? Da hilft das Leuchtfeuerverzeichnis weiter. Vielleicht wurde zwischenzeitlich eine Bohrinsel errichtet. Die sehen wir, wenn wir nicht pennen! Oder wir machen im Fernglas eine neue Marina aus, die in der alten Karte noch nicht verzeichnet ist. Das Schlimmste, was uns dabei passieren kann, ist vielleicht, daß wir in diese Marina nicht einlaufen können.

Wenn ich aber in den Gewässern um England segle, dann müssen auf den neuesten Stand berichtigte Karten an Bord sein. Eine Garantie, daß sie mit der Wirklichkeit in allen Punkten übereinstimmen, haben wir allerdings auch dann nicht.

Seekarten bekommt man in nahezu jedem Geschäft, das Bootszubehör führt; zumindest besorgen sie die Karten bei den vom Bundesamt für Seeschiffahrt und Hydrographie (BSH) autorisierten Vertriebs- und Auslieferungsstellen für den Verkauf von nautischen Karten und Büchern. Damit ist die Gewähr gegeben, daß die Karten auf den neuesten Stand berichtigt sind. Am Ende des Buches sind die Anschriften dieser Verkaufsstellen aufgeführt, bei denen man auch — und das ist für die Vorbereitung eines Törns von größtem Wert — Gesamtkataloge erhält, die unter anderem Aufschluß geben über die lieferbaren Seekarten (deutsche, englische, amerikanische usw.)

Auf jeder Seekarte findet sich — meist am unteren Kartenrand — der Eindruck, von wann die Karte stammt, und — wichtiger — das letzte Berichtigungsdatum.

Als Anfänger läßt man sich vor dem Kauf der notwendigen Karten am besten von einem Revierkenner beraten, von einem Segelkameraden, der die Gegend im letzten Sommer abgesegelt hat. Die besten Ratgeber sind jedoch die Handbücher für Sportschiffer, die es heute glücklicherweise für nahezu jedes Segelrevier gibt.

Noch vor ein paar Jahren galt die Benutzung von speziellen Sportschiffahrtskarten als unseriös, heute hat sich das geändert. Mit Recht, denn allein schon das Format wird den Bedürfnissen der Sportschiffahrt gerechter. Meistens sind diese Karten für uns auch übersichtlicher, denn man hat auf alles für Sportschiffer Überflüssige verzichtet (Abbildung Seite 16).

Der Stempel besagt, daß die Seekarte vom Bundesamt für Seeschiffahrt und Hydrographie (BSH) berichtigt wurde, und zwar bis zur Ausgabe 07/1991 der Nachrichten für Seefahrer (N.f.S.). Das sind wöchentlich herausgebene amtliche Unterlagen unter anderem für die Berichtigung von Seekarten.

Kleine Berichtigungen: 1991, 25.I.

Vom BSH berichtigt
bis N.f.S.-Ausgabe:

0 7 / 1991

In dieser Karte ist fremdländisches Grundlagenmaterial enthalten. Vervielfältigungen jeder Art, auch auszugsweise, sind nur mit Genehmigung der betreffenden hydrographischen Dienste gestattet.

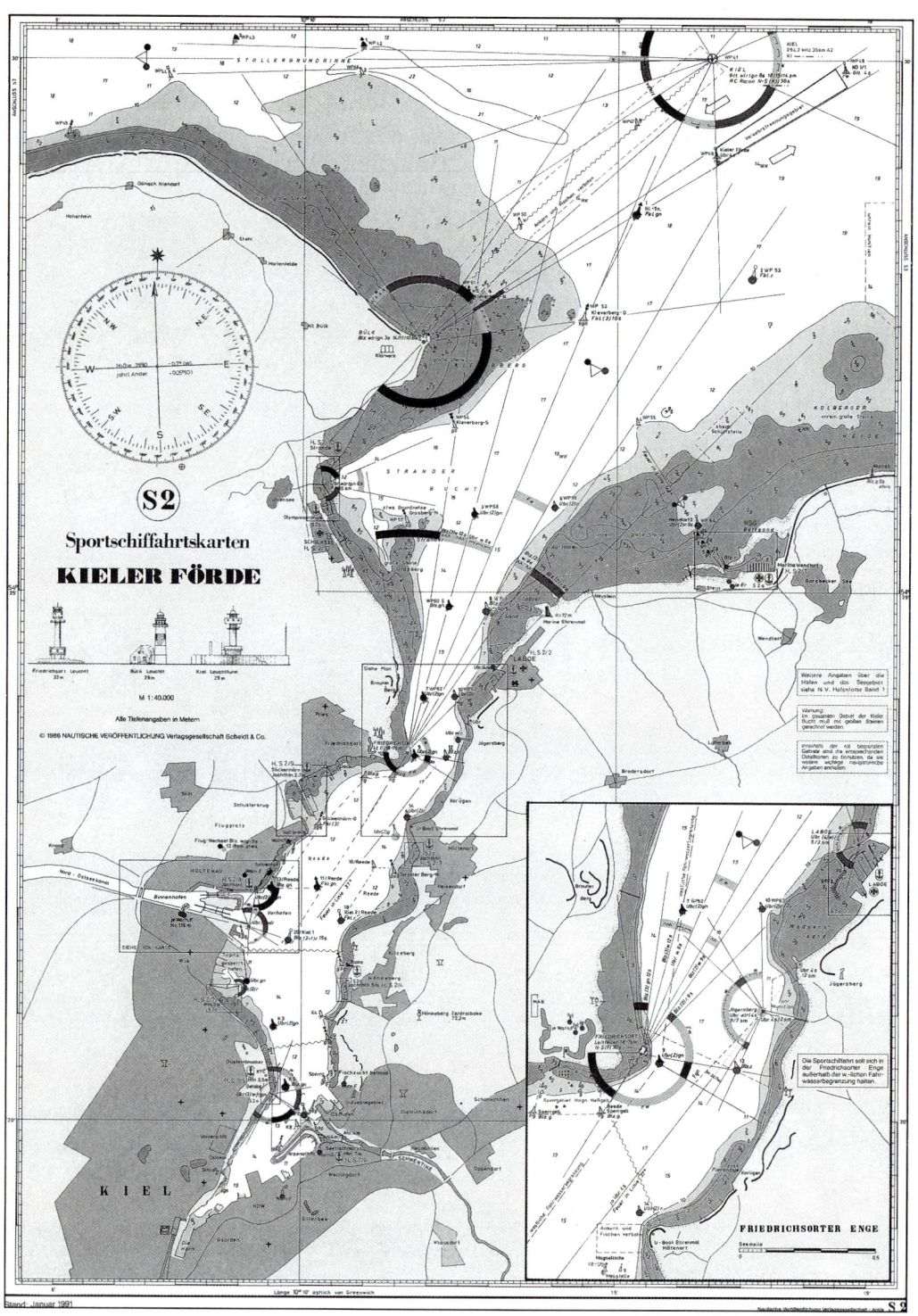

Seekarten-Symbole sind leicht deutbar

Eine ganz bestimmte Karte sollten wir an Bord haben. Das ist die deutsche Karte 1 (INT 1). Dabei handelt es sich nicht um eine Seekarte, sondern um ein Verzeichnis aller Symbole, Abkürzungen und Begriffe in deutschen Seekarten. Es sind auch die internationalen Bezeichnungen (in Englisch) enthalten, was aber nicht heißt, daß man mit Hilfe der Karte 1 nun alle Seekarten der Welt lesen kann. Für die englischen und amerikanischen reicht es sicher, nicht aber für manche lokalen Karten, vor allem dann, wenn diese in den letzten Jahren nicht neu aufgelegt worden sind. Aber ernsthafte Probleme werden sich nicht ergeben, denn meistens ähneln sich die Symbole, so daß sie anhand der Karte 1 schon zu verstehen sind. Benutzt man Karten aus den jeweiligen Ländern, in deren Gewässern man segelt – was meistens empfehlenswert ist, weil sie häufig genauer und aktueller sind als die entsprechenden deutschen –, so besteht kein Grund zur Panik, wenn man die Texteinträge

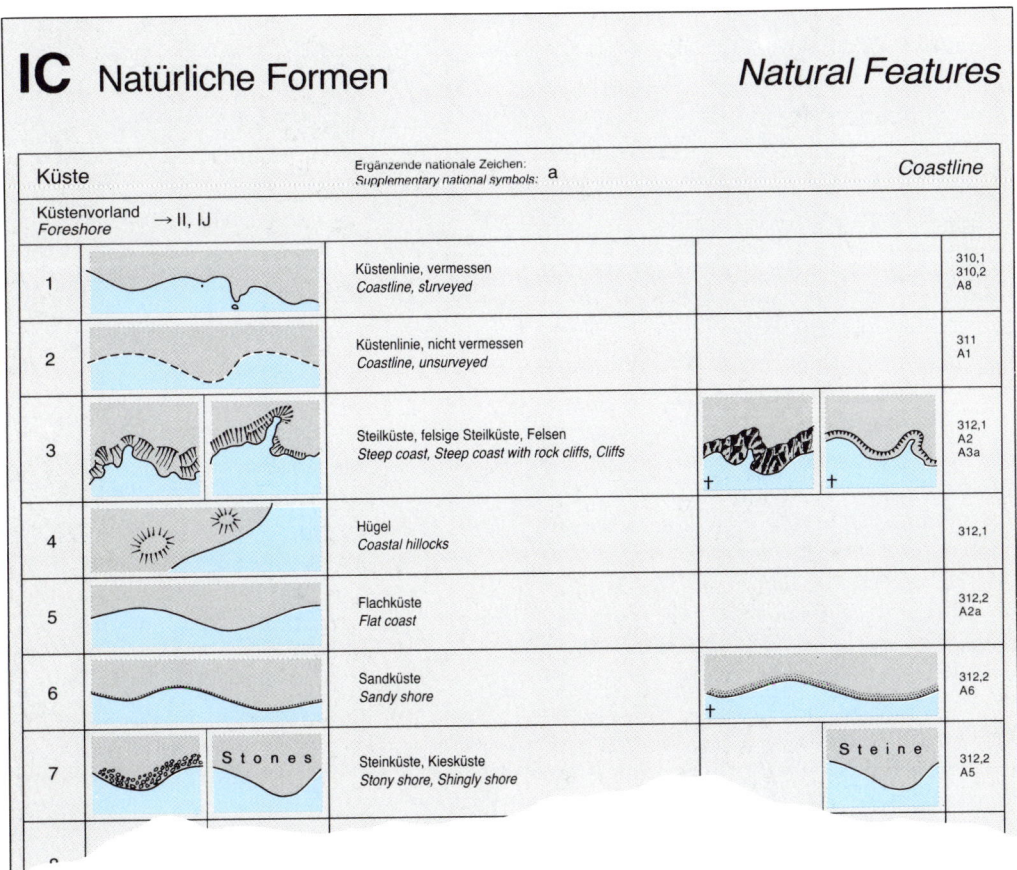

◄ *Ausschnitt aus einer Sportschiffahrtskarte. Diese Karten eignen sich wegen des kleineren Formats besser für enge Yacht-Navigationsecken.*

▲
Die Symbole in Karte 1 – hier Küsten (und auf Seite 18 Leuchtfeuer) – werden sowohl in Englisch als auch in Deutsch erklärt.

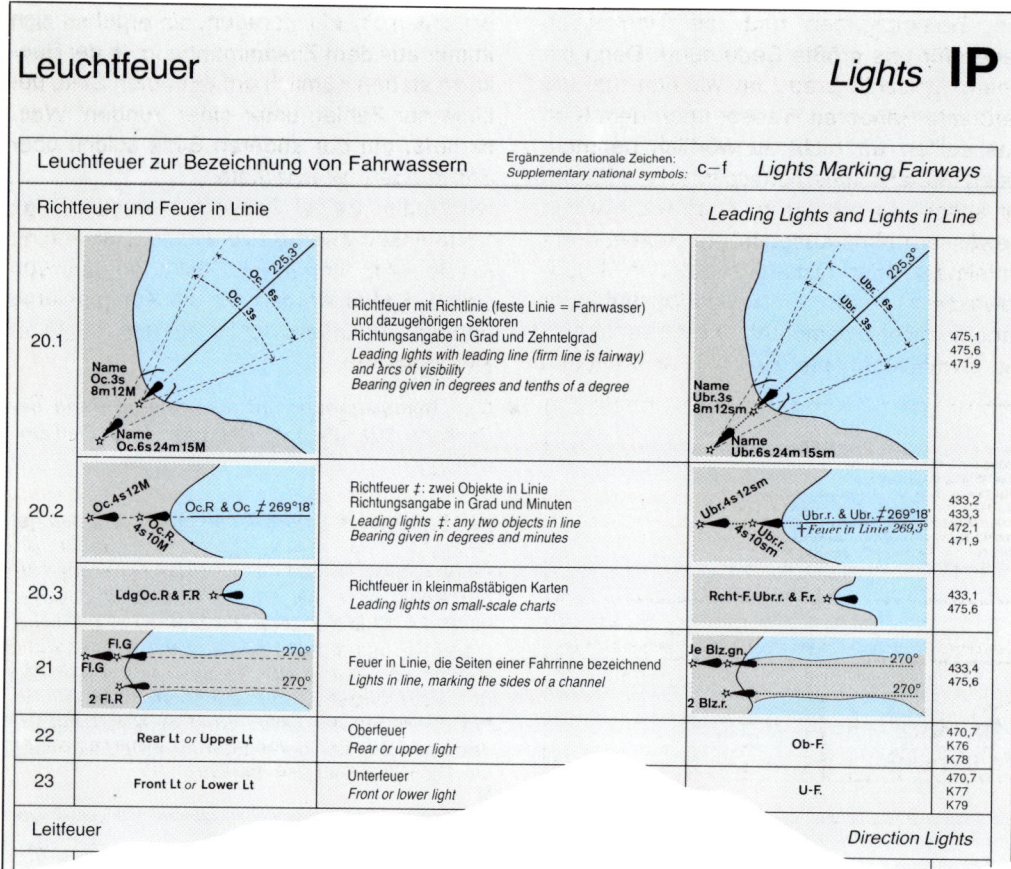

	Leuchtfeuer zur Bezeichnung von Fahrwassern	Ergänzende nationale Zeichen: *Supplementary national symbols:* c–f	*Lights Marking Fairways*	
	Richtfeuer und Feuer in Linie		*Leading Lights and Lights in Line*	
20.1	Name Oc.3s 8m12M Name Oc.6s 24m15M	Richtfeuer mit Richtlinie (feste Linie = Fahrwasser) und dazugehörigen Sektoren Richtungsangabe in Grad und Zehntelgrad *Leading lights with leading line (firm line is fairway)* *and àrcs of visibility* *Bearing given in degrees and tenths of a degree*	Name Ubr.3s 8m12sm Name Ubr.6s 24m15sm	475,1 475,6 471,9
20.2	Oc.4s 12M Oc.R. 4s10M Oc.R & Oc ≠ 269°18′	Richtfeuer ‡: zwei Objekte in Linie Richtungsangabe in Grad und Minuten *Leading lights ‡: any two objects in line* *Bearing given in degrees and minutes*	Ubr.4s 12sm Ubr.R. 4s10sm Ubr.r. & Ubr. ≠ 269°18′ +Feuer in Linie 269,3°	433,2 433,3 472,1 471,9
20.3	Ldg Oc.R & F.R	Richtfeuer in kleinmaßstäbigen Karten *Leading lights on small-scale charts*	Rcht-F.Ubr.r. & F.r.	433,1 475,6
21	Fl.G Fl.G 270° 2 Fl.R 270°	Feuer in Linie, die Seiten einer Fahrrinne bezeichnend *Lights in line, marking the sides of a channel*	Je Blz.gn. 270° 2 Blz.r. 270°	433,4 475,6
22	Rear Lt or Upper Lt	Oberfeuer *Rear or upper light*	Ob-F.	470,7 K76 K78
23	Front Lt or Lower Lt	Unterfeuer *Front or lower light*	U-F.	470,7 K77 K79
	Leitfeuer		*Direction Lights*	

nicht sofort versteht. Meistens ergibt sich nämlich ihr Sinn automatisch aus der Karte beziehungsweise aus der gezeichneten Symbolik.

Ganz falsch wäre es nun, zu versuchen, sich die Symbole systematisch einzuprägen. Erstens kann man das gar nicht alles behalten, und zweitens würde man sich unnötig mit Ballast befrachten. Wenn man sich – von Fall zu Fall – über Eintragungen auf der zu segelnden Route in der Karte vom aktuellen Revier im unklaren ist, dann kann man die Karte 1 zu Rate ziehen. Man wird die Erfahrung machen, daß dies seltener der Fall ist als erwartet. Denn meistens erklären sich die Symbole in der Seekarte aus sich selbst. Aber jetzt kümmern wir uns einmal um die wirklich wichtigen Dinge einer Seekarte. Und die müssen wir im Schlaf beherrschen:

Die „Bemerkungen" neben oder unter dem Kartentitel haben einen sehr wichtigen Informationswert für den Navigator. Dort steht nämlich, ob die vielen Zahlen auf der Seekarte – das sind, leicht zu erraten, die Höhen- beziehungsweise Tiefenangaben – Meter, Fuß oder Faden bedeuten. Gewöhnlich sind die Wassertiefen in Meter angegeben, auf alten englischen oder amerikanischen Karten aber auch noch in Faden oder Fuß. Obgleich wir solche Karten wohl selten benutzen werden, sei der Vollständigkeit halber darauf hingewiesen, daß ein Faden etwas weniger als 2 Metern (genau: 1,83 Meter oder exakt 6 Fuß) entspricht.

Die Tiefenangaben und die Tiefenlinien haben für uns größte Bedeutung. Denn mit einem Kielschiff brauchen wir nun mal die berühmte Handbreit Wasser unter dem Kiel. Das sollten wir nicht zu wörtlich nehmen. Einen Meter Sicherheitsspielraum müssen wir schon einkalkulieren, auch wenn wir in Gewässern ohne ausgeprägte Gezeiten wie Mittelmeer oder Ostsee segeln. In Tidengewässern (für Navigationsanfänger ohnehin nicht zu empfehlen) sind es mehr.

Die Symbole für die Tiefenlinien brauchen wir uns nicht einzuprägen; sie ergeben sich immer aus dem Zusammenhang. In der Seekarte stehen nämlich auf der einen Seite der Linie nur Zahlen unter einer „runden" Wassertiefe, auf der anderen Seite solche über der „runden" Wassertiefe.

Nochmals: Es ist Zeitverschwendung, das Kartenlesen erlernen zu wollen. Das kommt mit dem Arbeiten in der Seekarten ganz von selbst. Dabei werden wir die Kompaßkurse und die „Adressenangabe" für den Schiffsort kennenlernen.

◄ *Die „Bemerkungen" auf dem oberen Rand der Seekarte 681, die zum Üben als Ausschnitt beigefügt ist.*

Die Symbolik der Tiefenlinien ergibt sich aus der Seekarte von selbst. Läuft eine Yacht die Ensenada de Santa Ponsa an, dann überquert sie der Reihe nach die 50-, 30-, 20- und vielleicht noch die 10-Meter-Linie. Es brauchte gar keine Meter-Bezeichnungen eingetragen zu sein, denn südlich von Palma zum Beispiel ergibt sich aus den Tiefenangaben (auf der einen Seite der Tiefenlinie liegen nur Tiefen unter 50 Meter, auf der anderen Seite nur Tiefen über 50 Meter) eindeutig die Tiefe, die die Linie markiert.
▼

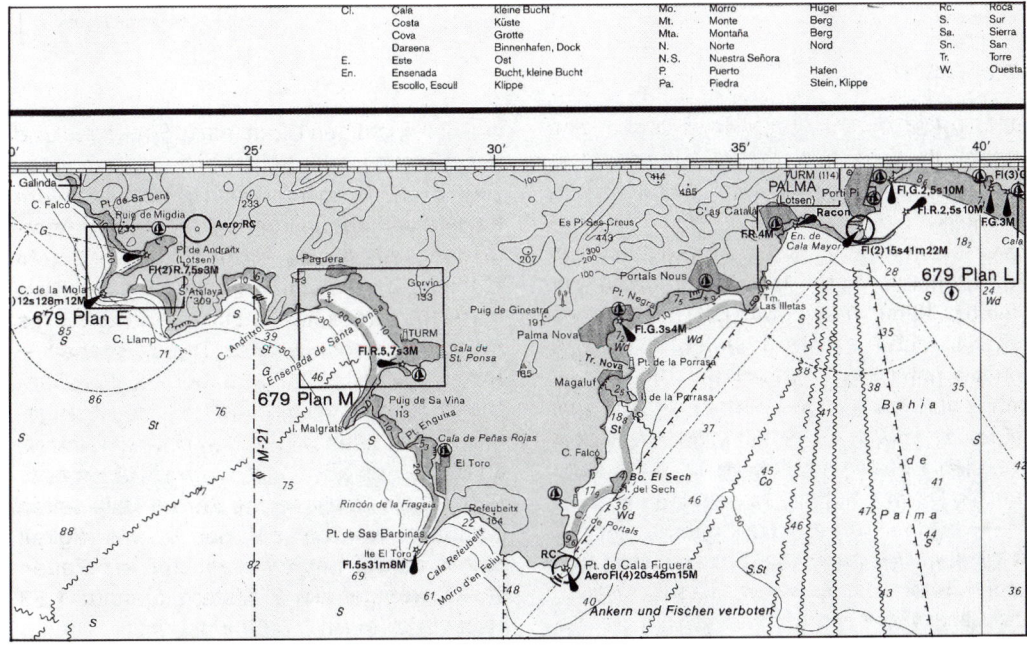

19

2

Die Seekarte zeigt, wo's langgeht

In der Navigation geht es um nichts anderes als um das Ankommen. So wie der Autofahrer in einer fremden Gegend eine Straßenkarte benötigt, um zum Ziel zu finden, so muß der Seemann eine Seekarte benutzen. Um so mehr, als der Skipper ja nicht eine Straße entlangsegeln oder sich im Notfall an Wegweisern orientieren kann.

Eine besondere und wichtige Orientierungshilfe in der Seekarte ist für den Navigator die Kompaßrose. Bei der Ermittlung von Kursen oder Himmelsrichtungen spielt sie keine Rolle, sie sagt uns aber, ob wir uns um die Mißweisung zu kümmern haben oder nicht, was sehr wichtig ist. Doch davon später.

Vergeblich wird man in vielen Seekarten nach der klassischen Einteilung der Haupt-Himmelsrichtungen, nämlich Nord, Ost, Süd und West, suchen. Diese Bezeichnungen werden – weil zu ungenau – in der Navigation als Kursangaben nicht mehr benutzt. Kurse und Peilungen werden ausschließlich in Grad angegeben. 000° oder 360° (was dasselbe bedeutet) ist immer Nord, also auf jeder Seekarte oben, 090° rechts, 180° unten und 270° links. Bitte gewöhnen Sie sich an, Kurse und Peilungen dreistellig zu schreiben. Das hilft, beim Rechnen Flüchtigkeitsfehler zu vermeiden. Es hat schon

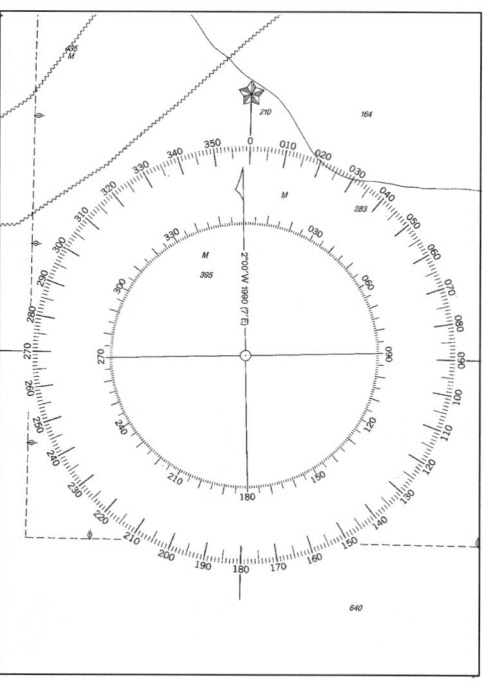

Kompaßrose aus der Seekarte 681. Die Mißweisung beträgt 2° West, allerdings – 2° W (welche Bedeutung „minus" hat, erfahren wir später). Dies ist der einzige Wert, der für uns bei einer neueren Seekarte in der Praxis von Bedeutung ist. Wollen wir überflüssigerweise wissen, was der Wert in Klammern bedeutet, so finden wir das in der Karte 1.

Schiffbrüche gegeben, weil sich Berufsnautiker verrechnet hatten.

Eine Yacht, die vom oberen Kartenrand genau nach unten fährt, segelt einen Kurs von 180°. Ein Schiff, das vom rechten Kartenrand genau waagerecht „nach links" dampft, hat einen Kurs von 270°, und eine Yacht, die genau entgegenkommt, hält einen Kurs von 090°. Klar, daß jeder Zwischenkurs zwischen den „Hauptkursen" möglich ist. Von „links unten" nach „rechts oben" würde einen Kurs von ca. 045° bedeuten.

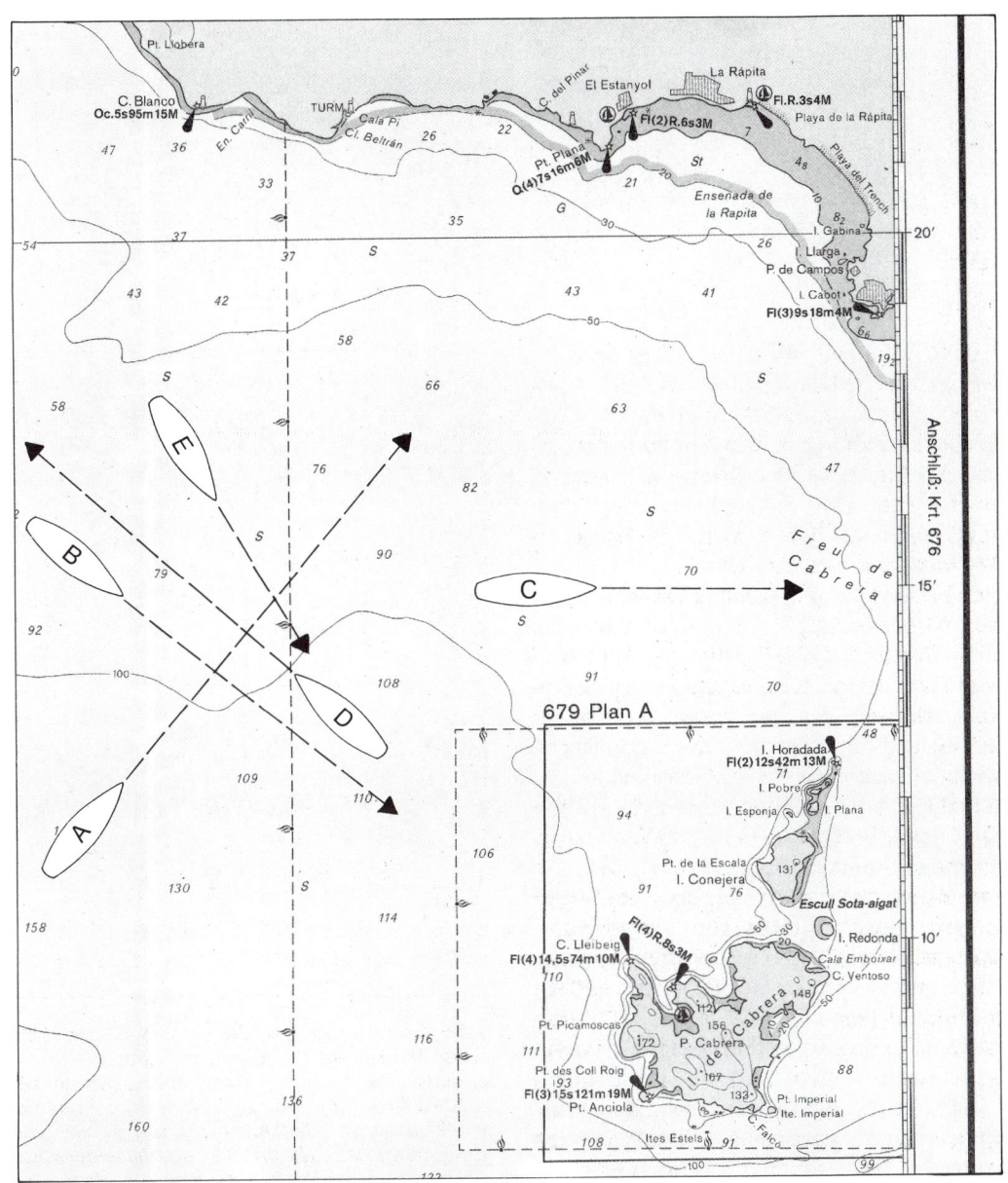

Schiff A läuft einen Kurs von 040°, B 129°, C 090°, D 311°, E 151°.

Damit der Navigator hier nie durcheinanderkommt, gilt unbedingt: Eine Seekarte darf nur so auf den Kartentisch gelegt werden, daß die Beschriftung mühelos zu lesen ist, daß also 000° (oder Nord) immer oben ist. Immer! Notfalls muß die Karte gefaltet werden.

Und jetzt das Wichtigste beim Gebrauch einer Seekarte: Ein einzelner Punkt auf der Erdoberfläche, ob auf Land oder auf See, läßt sich mit Hilfe von Zahlen so genau angeben, daß ihn jeder Navigator auf der Welt exakt in seine Karte übertragen kann. Wenn wir an Navigators Wunschtraum zurückdenken, müssen wir dazu in der Lage sein.

Jeder Ort auf See hat eine genaue Adresse

Denn mit der Seekarte können wir nur dann navigieren, wenn wir in der Lage sind, unsere Yacht, also unseren Schiffsort, einzuzeichnen. Umgekehrt können wir unseren Schiffsort nur dann in das Logbuch eintragen, wenn wir ihn aus der Seekarte herauszulesen vermögen. Natürlich ließe sich der Schiffsort zum Beispiel auch so angeben: „Zwei Kabellängen südwestlich der grünen Huk", aber solche Bezeichnungen passen besser in das Buch „Schatzinsel", als daß sie präzise Beschreibungen eines Ortes in der Seekarte sind.

Nein, die präziseste Adresse für einen Schiffsort sind Koordinaten. Jeder Stadtplan bedient sich so eines Hilfsmittels. Aber Hand aufs Herz: Haben wir uns nicht schon häufig geärgert, wenn wir im Großstadtverkehr minutenlang nach der Rosengasse im Planquadrat F 4 gesucht haben? Der Seemann hat es da besser. Denn mit seinem Koordinatensystem kann er einen Punkt auf der Erdoberfläche ganz genau angeben und nicht nur großzügig eine Gegend, in der sich der jeweilige Schiffsort (oder irgendein anderer Ort, zum Beispiel ein Leuchtturm) befindet.

Er benutzt nämlich das Koordinatensystem der Erde. Die Linien auf der Seekarte sind tatsächlich nichts anderes als die Linien auf unserem Globus oder im Schulatlas.

Das Koordinatensystem

Jedes Kind weiß: Die Erde ist eine Kugel. Und trotzdem ist es für uns das Selbstverständlichste auf der Welt, eine Karte von der Erdoberfläche zweidimensional, also als Blatt Papier, vor uns liegen zu haben. Dabei ist es unmöglich, die Oberfläche einer Kugel genau (!) auf dem Navigationstisch auszubreiten. Das geht nur mit Kompromissen. Wie das im einzelnen funktioniert, braucht uns nicht zu interessieren. Nur soviel: Das Koordinatennetz – die Längengrade (Ringe, die alle durch Nord- und Südpol laufen) und die Breitengrade (parallele Kreise, die zu den Polen immer kleiner werden), die sich über unseren Globus ziehen – ist auf der planen Seekarte vorhanden. Aber es sind keine Kurven mehr, sondern aus den Ringen um die Erde sind bei den winzigen Ausschnitten aus der kugeligen Erdoberfläche auf der Seekarte waagerechte und senkrechte Linien geworden.

Die Breitenparallele, also die Breitengrade, zählen vom Äquator aus nach Norden bis zum 90. Breitengrad Nord (was gleichzeitig der Nordpol ist). Jeder Grad hat – wie wir schon wissen – 60 Breitenminuten. Und genau diese Minuten sind am rechten und am linken Kartenrand eingezeichnet.

Da die Breitengrade vom Äquator nach Süden ebenfalls 90° zählen, muß zur Unterscheidung jeder Breitengrad näher definiert werden. Mit einer Koordinate „42. Breitengrad" kann kein Navigator etwas anfangen. Es gibt nur einen 42. Breitengrad Nord oder einen 42. Breitengrad Süd. Da wir uns auf der Nordhalbkugel befinden, tragen alle Breitengrade den Zusatz N. Ob ich eine Karte von der Nordhalbkugel oder eine von

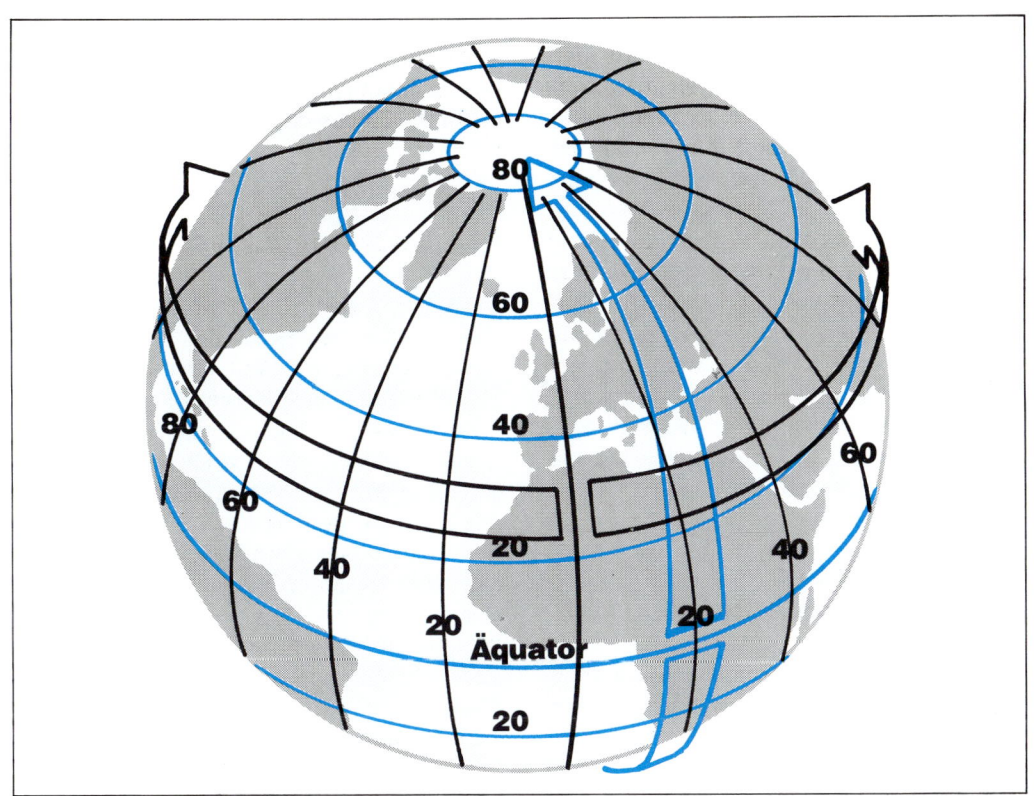

Die Breitengrade zählen vom Äquator zu den Polen von 0° bis 90° „Nord" oder „Süd". Jeder Breitengrad ist gleich lang (wichtig!). Die Längengrade zählen vom Meridian von Greenwich aus nach Westen und nach Osten jeweils 180° weit. Sie werden immer kürzer, je näher sie am Pol gezählt werden.

der Südhalbkugel vor mir habe, sehe ich daran, daß die Breitengrade und -minuten nach oben oder nach unten hin zunehmen. Wenn wir die beigelegte Seekarte von Ibiza zur Hand nehmen, sehen wir, daß — wie auf jeder Seekarte — die Breitengrade rechts und links am Kartenrand abgelesen werden. Da ein Breitengrad rund 100 Kilometer lang ist (dies ist das vorletzte Mal, daß ich das unseemännische Maß Kilometer erwähne), sehen wir auf unserer Seekarte nur Teile eines Breitengrades, nämlich die Breitenminuten in Fünferabständen. Der Strich, der waagerecht durch die Mitte der Karte verläuft, steht also für 39 Grad 00 Minuten N oder, in der seemännischen Schreibweise, die wir uns unbedingt angewöhnen sollten, 39°00′N.

Alle Schiffe, die sich irgendwo auf der Welt zufällig auf dieser Linie (die um den ganzen Erdball herumläuft) befinden, haben die gleiche Breite.

Da aber mehrere Schiffe sich nicht auf einem einzigen Ort befinden können, müssen wir die „Adresse" für unseren Schiffsort genauer angeben, nämlich auch mit der geographischen Länge.

Die Längengrade werden genauso wie die Breitengrade nach bestimmten Richtungen gezählt, nämlich nach „links" und nach „rechts", das heißt nach Westen und nach Osten. Wo aber soll mit dem Zählen begonnen werden?

Als man sich vor vielen hundert Jahren darüber Gedanken machte, war das bei den Breitengraden einfach. Da hatte man einen, der sich als Nullpunkt beim Zählen geradezu anbot, den Äquator, den längsten aller Breitenkreise. Tatsächlich ist der Äquator der „nullte" Breitengrad. Bei den Längenkreisen war das ganz anders. Sie sind alle gleich lang, und keinem kommt eine besondere Bedeutung zu. So mußten sich die vielen Seefahrt treibenden Nationen auf einen „nullten" Längengrad einigen. Und weil damals die Engländer politisch am Drücker waren, benannte man denjenigen, der durch den Geburtsort (wie die Engländer meinen) jeglicher Navigationswissenschaft verläuft, nämlich durch Greenwich, wo sich, vor den Toren Londons, das sehenswerte Marinemuseum befindet. Von dort aus werden die Längengrade nach rechts (also nach Osten) oder nach links (nach Westen) gezählt, bis sie sich auf der Rückseite der Erde (von uns aus gesehen) ungefähr bei den Fidschiinseln wieder treffen. Dort, wo auch die Datumsgrenze verläuft, um die wir uns als Navigationseleven keine Gedanken zu machen brauchen. Denn bis wir dort einmal auf einer Weltumsegelung eintreffen, sind wir längst Meister in der Navigationskunst, und wir wissen dann auch, daß die Datumsgrenze wichtig für die Frage ist, ob gerade Sonntag oder Montag ist.

Auf unserer Übungsseekarte erkennen wir am unteren (und oberen) Rand, daß die Längengrade nach rechts zunehmen, wir also nach Osten die Längengrade hochzählen müssen, das Schiff somit auf östlicher Länge segelt. Wenn sich unsere Yacht − zufällig − genau im Schnittpunkt des ausgezeichneten Längen- und Breitengrades befindet, also südlich der Insel Tagomago auf 79 Meter Tiefe (wie unser Echolot anzeigt), dann lautet unser Schiffsort, die derzeitige Adresse also, exakt:

39°00′N 001°40′E

Zu dieser Schreibweise rate ich, denn Schreibfehler können in der Navigation verheerende Folgen haben. Die Breitenkoordinate wird stets zuerst genannt. Gradzahlen von geographischen Breiten sind zweistellig,

Gradzahlen von geographischen Längen dreistellig zu schreiben, Minutenzahlen sowohl bei Breite wie bei Länge zweistellig. Östliche Längen erhalten den Zusatz E (vom englischen East für Ost), um Verwechslungen mit der Ziffer Null zu vermeiden.

Das Maß aller Nautik: die Seemeile

Und jetzt das Wichtigste in der Navigation überhaupt:

Vergleichen Sie bitte auf dem beigefügten Kartenausschnitt die Breitenangaben am rechten (oder linken) Kartenrand mit den Längenangaben unten (oder auch oben). Die Längen- und Breitengrade beziehungsweise die Längen- und Breitenminuten sind unterschiedlich lang. Das hat folgenden Grund: Längengrade und Breitengrade sind nur am Äquator gleich lang (siehe Abbildung Seite 23). Je mehr wir uns dem Pol nähern, um so kürzer werden die 360 (ein Vollkreis!) Längengrade. Also ist es ganz logisch, daß auf unserer Seekarte die Längengrade erheblich kürzer sind als die Breitengrade, denn schließlich befinden wir uns in der Gegend von 39°00′N, also fast auf dem halben Weg vom Äquator zum Nordpol. (Genau sind wir vom Nordpol noch 90° minus 39°, also 51° entfernt.)

Der Abstand von Breitengrad zu Breitengrad − ich betone: *Breiten*grad −, gleichgültig, wo auf der Welt wir uns befinden, beträgt genau 60 Seemeilen!

Das Maß aller Dinge in der Navigation ist die Seemeile, von den Amerikanern und Briten *nautical mile (nm)* genannt. Die Landratten unter den Lesern müssen sich daran gewöhnen, daß in der Navigation Kilometer ausgespielt haben. Das hat nichts damit zu tun, daß die Seeleute etwa nicht auf das metrische Maß umstellen wollten. Die Seemeile ist nämlich ein sehr logisches Maß. Sie ist überall auf der Erdoberfläche die Länge einer Breitenminute (ein Grad sind 60 Minuten).

Solange wir dieses Koordinatensystem haben (ich schätze, daß dies noch einige Jahrzehnte der Fall sein wird), werden wir die Seemeile (sm) benutzen. Eine Seemeile ist übrigens 1,852 Kilometer lang, aber das erwähne ich — zum letztenmal — nur der Vollständigkeit halber, denn auf dieses rustikale Maß brauchen wir nicht einmal bei den Geschwindigkeitsangaben in der Seefahrt zurückzugreifen. Hier arbeiten wir mit Knoten (kn), was Seemeilen pro Stunde bedeutet.

Jetzt verstehen Sie wahrscheinlich, weshalb auf einer Seekarte häufig keine Entfernungsskala vorhanden ist. Die brauchen wir auch nicht, denn am Kartenrand liefert sie uns das Koordinatensystem automatisch.

Merke: Nur am linken und am rechten Kartenrand dürfen wir mit dem Zirkel Entfernungen abgreifen! Würden wir die Entfernungen vom unteren Rand nehmen, bekämen wir ganz falsche Werte, denn die Längengrade sind ja viel kürzer, sie sind nicht einmal überall gleich auf der Erdoberfläche. Anders also als die Breitengrade!

Bevor wir nun anfangen, in der Seekarte zu navigieren, müssen wir noch eine Kleinigkeit wissen. Die Seekarte zeigt die kugelige Gestalt der Erde auf einem platten Stück Papier. Daß das nicht ohne Kompromisse abgeht, wissen wir bereits. Aber von diesen Kunstgriffen merkt der Seemann kaum etwas. Er kann Entfernungen in die Seekarte einzeichnen, kann sie herausmessen, kann Positionen ermitteln und mit Hilfe von gegebenen Längen- und Breitenangaben Orte sehr genau in die Karte einzeichnen. Auch Kurse und Peilungen können in der Seekarte festgehalten werden, besser als auf einen halben Grad genau.

Nur in einem Punkt müssen wir uns nach der Weltkugel richten. Die Breitenminuten und -grade, und damit die Minuten, sollten wir nur in Höhe des Geschehens am linken oder rechten Kartenrand abgreifen. Denn: Die Breitengrade und -minuten werden nach oben hin — fast unmerklich — immer mehr

verzerrt. Das hängt aber nur mit der Konstruktion der Seekarte zusammen. In Wirklichkeit entspricht eine Breitenminute überall auf der Welt einer Seemeile, ist also gleich lang.

Auf unserer Übungskarte wäre es wegen der geringfügigen Verzerrung gleichgültig, ob wir die Meilen am seitlichen Rand unten oder oben abgreifen. Werden später dagegen andere Karten benutzt, speziell solche von der Nordsee oder sonstigen hohen Breiten oder solche, die ein großes Gebiet abdecken, dann dürfen die Meilen *nur* auf gleicher Höhe abgegriffen werden.

Merke: Wenn wir die Breitenminuten und Entfernungen immer auf der Höhe des Geschehens am rechten oder linken Kartenrand abgreifen, liegen wir richtig.

Handwerkszeug für die Kartennavigation

Das Handwerkszeug für die Navigation in der Seekarte kostet nicht viel: Mehrere Bleistifte Stärke HB (nicht rund, damit sie nicht vom Kartentisch rollen können), ein Radiergummi und ein Kartenzirkel sollten es sein. Normale Stechzirkel sind ungeeignet, denn sie können den Navigator verletzen und die Seekarte beschädigen. Die schönen, messingfarbenen englischen Zirkel haben den Vorteil, daß man sie notfalls mit einer Hand öffnen und einstellen kann, während man sich mit der anderen Hand festhält, was manchmal notwendig ist, denn Navigation findet ja nicht nur bei schönem Wetter statt (Abbildung Seite 26).

Wenn draußen die Sonne scheint und die Yacht mit der Genua bei wenig Seegang sechs Knoten läuft, dann läßt sich die Navigation schon mal auf die leichte Schulter nehmen. Es kann so schnell nichts passieren. Bei schwerem Seegang ist der Navigator gefordert. (Merkwürdigerweise wird auf vielen Yachten gerade dann die Navigationsarbeit stark eingeschränkt.)

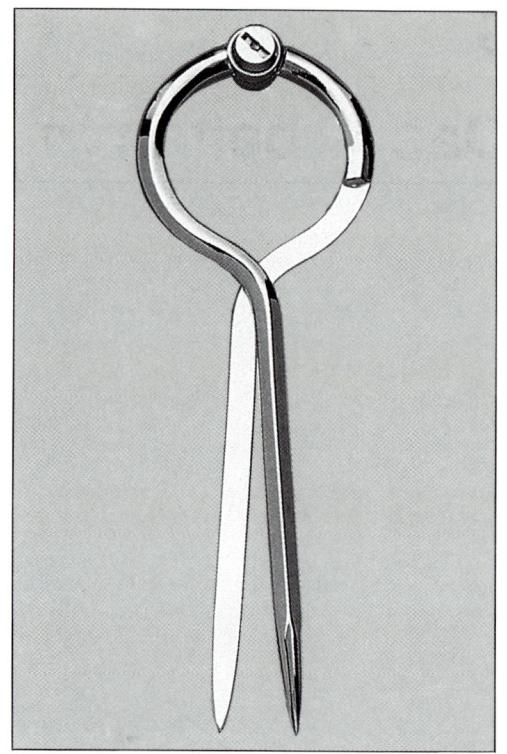

Der klassische Marinezirkel läßt sich einhändig nur schwer bedienen, was zu Problemen im Seegang führen kann.

Einhandzirkel englische Form. Er läßt sich mit einer Hand leicht verstellen und ist auf kleinen Yachten praktischer als der Marinezirkel.

3

Das Arbeiten in der Seekarte

Halten wir noch einmal fest: Unsere Arbeit in der Karte besteht praktisch nur aus folgenden Tätigkeiten:

1. Entfernungen herausmessen oder einzeichnen
2. Positionen herausmessen oder einzeichnen
3. Kurse oder Peilungen einzeichnen oder herausmessen

Man kann noch so sehr versuchen, sich die Navigationsarbeit zu vereinfachen: An den genannten drei Punkten kommt man nicht vorbei. Jeder Navigator muß sie beherrschen. Man lernt nicht, indem man die folgende Anleitung nur durchliest. Man muß üben. Und zwar so fleißig, daß man alle Punkte an mehreren Tagen – ohne nachzulesen – wiederholt hat. Erst dann beherrscht man die Navigationsarbeit auch während des nächsten Urlaubstörns, selbst wenn man sich da erst mal am Kopf kratzen muß: „Wie war das doch gleich wieder?"

Also bitte, unbedingt einmal mitmachen. Nur die Anweisung durchzulesen, bringt gar nichts. Erst wenn man es selbst einmal gemacht hat, kommt das Aha-Erlebnis.

...mit dem Kartenzirkel

Am einfachsten ist Punkt 1. Mit dem Kartenzirkel deute ich auf die beiden Punkte, zwischen denen die Entfernung gemessen werden soll, und lege den gespreizten Zirkel am rechten oder linken Kartenrand an (niemals unten oder oben!). Die Anzahl der Winkelminuten ergibt die Anzahl der Meilen. Entfernungen in die Karte einzutragen, ist ebenso leicht, nur umgekehrt: Man greift die Seemeilen als Breitenminuten am rechten oder linken Kartenrand ab und trägt sie, zum Beispiel auf einer Kurslinie, in die Karte ein. Punkt 2 läßt sich zum Teil ebenfalls mit dem Zirkel erledigen. Wenn ich die Position des Leuchtfeuers am C. Berberia auf der beigefügten Übungskarte wissen will, dann brauche ich nur die eine Spitze des Karten-

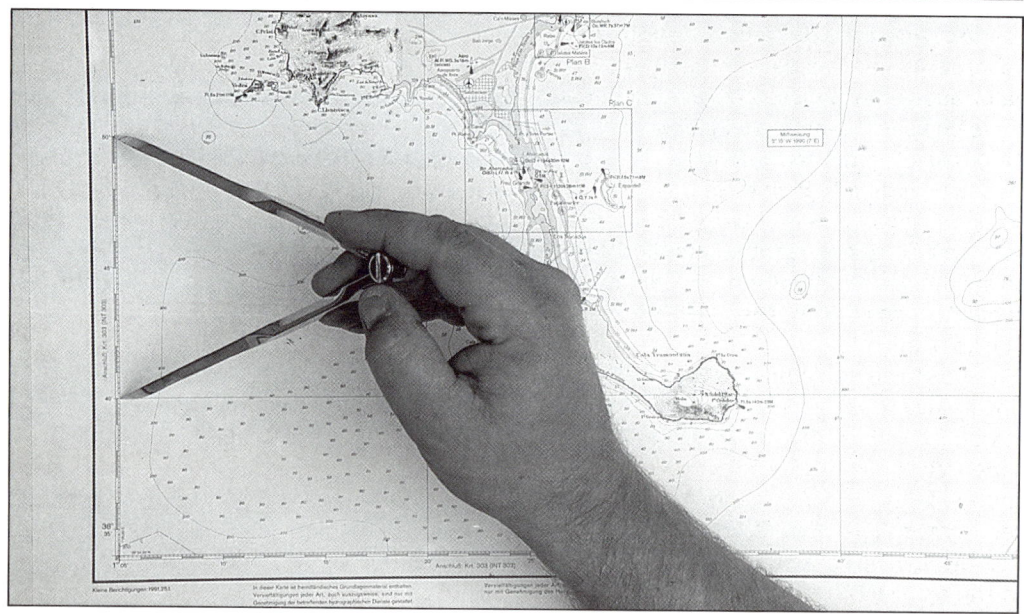

Die Entfernung zwischen Pt. Gabina und C. Llentrisca soll festgestellt werden. Hierzu wird die Distanz zwischen diesen beiden Landmarken in den Kartenzirkel genommen, und am Kartenrand werden ungefähr in gleicher Höhe die Breitenminuten, also die Seemeilen, abgelesen. Von 38°40' N bis 38°50' N sind es genau 10 Breitenminuten: Die Entfernung beträgt 10 Seemeilen.

zirkels im Feuer anzusetzen (das ist bei der violetten Markierung im Zentrum des Sterns) und dann den Zirkel gerade eben so weit zu spreizen, daß der Breitenkreis von 38°40'N erreicht wird. Wenn ich dann den Zirkel am rechten Kartenrand bei 38°40'N ansetze, kann ich als Breite ablesen: 38°38,4'N.

Mit der Länge verfahren wir ebenso, nur nehmen wir die nächste senkrechte Linie (001°20'E) zu Hilfe. Wir kommen dann auf eine Länge für C. Berberia von 001°23,3'E. Ein häufig vorkommender Fehler ist, daß zwar die Minuten genau herausgemessen werden, daß der ganze Grad jedoch verwechselt wird. Deshalb immer mitdenken: Ostlängen-Koordinaten wachsen nach rechts an, wie wir zuvor schon bei der Gradeinteilung der Erde gesehen haben.

Dem Herausmessen einer Position kommt in der modernen Navigation eine große Bedeutung zu. Denn alle Navigationscomputer, sei es in Decca- oder Loran-Geräten oder in GPS-Empfängern (Satellitengeräte), rechnen mit Wegpunkten (*waypoints*). Dabei handelt es sich um nichts anderes als geographische Positionen, die vom Navigator aus Verzeichnissen (z. B. Leuchtfeuerverzeichnissen) entnommen oder mit dem Kartenzirkel aus der Seekarte herausgemessen wurden. Wer sich als Besitzer eines Navigationscomputers (über kurz oder lang wird an Bord jeder Yacht so ein Gerät sein) davor drückt, nutzt nur einen geringen Prozentsatz des Könnens einer solchen Blackbox aus.

Ein Ratschlag: Machen Sie die folgenden Übungsaufgaben auch dann, wenn Sie noch keinen richtigen Kartenzirkel zur Hand haben. Ausnahmsweise dürfen Sie zu Hause und nur in diesem Fall auch den Zirkel aus der Schulmappe vom Sohn benutzen. Die Übungskarte kann schon ein paar Einstiche vertragen! Die Lösungen finden Sie auf Seite 111.

Übungsaufgaben

1. Wie weit ist es vom Feuer auf der Westseite der Insel Vedrá (südwestlich von Ibiza) bis zum Feuer von C. Berberia auf dem Südwestkap der Insel Formentera?
2. Position des Feuers auf Vedrá.
3. Position des Feuers auf Tagomago (Nordostseite Ibiza).
4. Position des Feuers auf der Nordspitze der I. Espardell (südöstlich von Ibiza).
5. Entfernung zwischen den Feuern von Tagomago und Espardell.
6. Welche Tiefenlinie überqueren Sie, wenn Sie von Tagomago nach Espardell segeln?

...mit Kurs- und Anlegedreieck

Beschränkt man sich bei der Navigation nur auf das Wesentliche, aufs Ankommen nämlich, gibt es wenig zu pauken. Das Wenige aber gründlich. Gleichgültig, wieviel Geld der Skipper in seine Navigationsecke investiert hat: Die Arbeit in der Seekarte wird dem – seriösen – Navigator nicht geschenkt, läßt sich auch nicht durch das Studium des Handbuchs zum GPS-Empfänger oder AP-Navigator ersetzen. Navigation ist leicht, wenn man nur ein paar Punkte beachtet, die wir bereits besprochen haben:

● Die Breitengrade der Erde zählen, vom Äquator aus, 90° nach Norden zum Nordpol und 90° nach Süden zum Südpol.
● Die Längengrade zählen vom Nullmeridian (Längengrad von Greenwich) nach Osten und nach Westen jeweils 180°.
● Jeder Breitengrad hat 60 Minuten, jede Breitenminute 10 Zehntelminuten.
● Jede Breitenminute ist eine Seemeile lang.
● Eine Längenminute ist nur am Äquator eine Seemeile lang. Zu den Polen hin wird sie immer kürzer.

● Seemeilen dürfen deshalb nur links oder rechts am Kartenrand bei den Breitenminuten abgegriffen werden.

Dieses Grundwissen reicht für das Arbeiten in der Seekarte aus, nämlich Entfernungen, Positionen und Kurse in die Karte zu zeichnen oder aus ihr herauszumessen.

Das Einzeichnen einer ganz bestimmten Position kommt in der modernen Navigationspraxis häufig vor. Wurde der Schiffsort beispielsweise mit dem Decca-, Loran- oder Satelliten-Navigator, vielleicht auch mit dem Computer bestimmt, dann möchte der Navigator seinen Standort (denken wir an Navigators Wunschtraum: Bild der Yacht in ihrer Umgebung mit der Kamera eines Satelliten aufgenommen) in der jeweiligen Umwelt kennenlernen. Das kann er nur dann, wenn er auf der Seekarte seines Reviers den Schiffsort sieht, ihn also einzeichnet.

Das ist einfach, bedarf aber – neben dem Kartenzirkel – eines bestimmten Werkzeugs. Solange es Seekarten gibt, haben Navigatoren immer wieder neue Erfindungen gemacht, die die Kartenarbeit erleichtern sollten, was zeigt, daß es das ideale Instrument nicht gibt. In Deutschland hat sich das Kursdreieck durchgesetzt; in der Navigation manch anderer Länder ist es weitgehend unbekannt. Die Nachteile der Dreiecke sind – gelegentlich – ihre Zweideutigkeit (für den Ungeübten) und der Platzbedarf. Im Cockpit läßt sich mit ihnen auf der vielfach zusammengelegten Seekarte nur schlecht arbeiten.

„Dort sollte man sowieso nicht navigieren, die Karte gehört auf den Kartentisch", argumentieren die Verfechter der reinen Navigationslehre. Das ist wieder mal so ein Relikt aus der Berufsschiffahrt, das der Sportschiffahrt geschadet hat. Unsere Yachten sind nun mal nicht so groß. Sieben, acht, vielleicht auch zehn Meter Länge – das ist es denn auch schon, und da kostet ein Quadratmeter für den Kartentisch viel zuviel Geld. Übrigens, die Flieger, bei denen die Navigation einen ungleich höheren Stellenwert

hat (in ein paar Stunden müssen die den „Heimathafen" auf ein paar Meter genau gefunden haben), navigieren ausschließlich auf den Knien. Das geht also auch, und zwar supergenau!

Auf unseren Minikreuzern muß eben mal das Schiebeluk herhalten, und da sind die Kursdreiecke nicht schmiegsam genug. Andererseits wird in den Segelschulen in der Regel mit dem Kursdreieck gearbeitet, so daß die meisten von uns damit vertraut sind. So wollen wir in diesem Buch damit weiterarbeiten. Wenn jemand aber noch am Anfang steht, kann er sich auch ruhig für ein anderes Gerät entscheiden. Die Engländer beispielsweise schwören auf das Parallellineal, die Franzosen wiederum haben andere Hilfen.

Alle Instrumente leisten – ungefähr – dasselbe: Man kann damit Positionen und Kurse in die Karte einzeichnen oder eine Richtung beziehungsweise einen Kurs aus ihr herausmessen. Die Benutzer anderer Kartenwerkzeuge sollten aber unbedingt deren Gebrauchsanweisung aufmerksam durchlesen.

Eines sollten Sie nicht tun: von einem zum anderen Lineal, Dreieck oder zur Scheibe wechseln. Will man in der Navigation ein Könner werden, sollte man die Grundaufgaben wirklich im Schlaf beherrschen. Es gibt für den Navigator noch genug andere Gelegenheiten, sich mit großen Unsicherheiten herumzuschlagen. Wenn er dann erst überlegt, wie das Dreieck anzulegen ist . . .

Also: Die Spitze des Dreiecks zeigt immer nach unten, zum Navigator! Die Spitze welchen Dreiecks aber, wenn wir mit zweien arbeiten?

Nur eins der beiden Dreiecke muß eine Gradteilung haben. Das zweite kann sogar durch ein gewöhnliches Lineal ersetzt werden. Es hat nämlich nur die Aufgabe, dem Kursdreieck eine Stütze, eine Schiene zu sein. Allerdings rutscht das Lineal leichter weg, wenn das Kursdreieck verschoben werden soll. Besser ist ein Anlegedreieck mit einem Haltegriff.

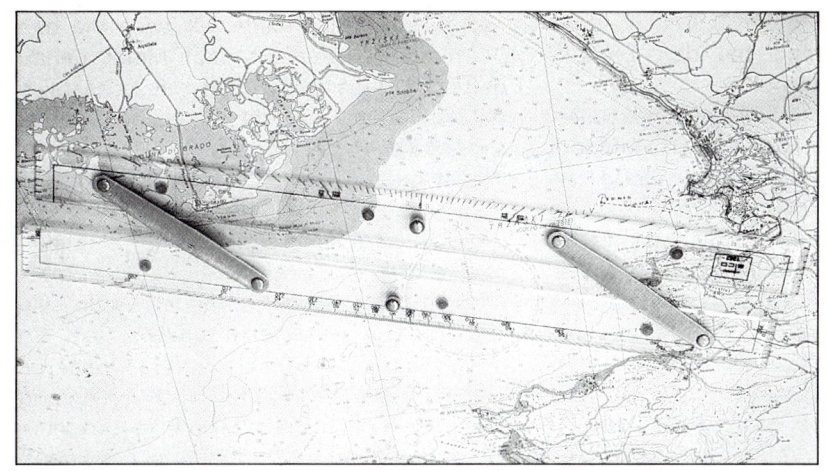

*Englisches
Parallellineal.*

*Navigationslineal
nach Kapitän Jür-
gensen.*

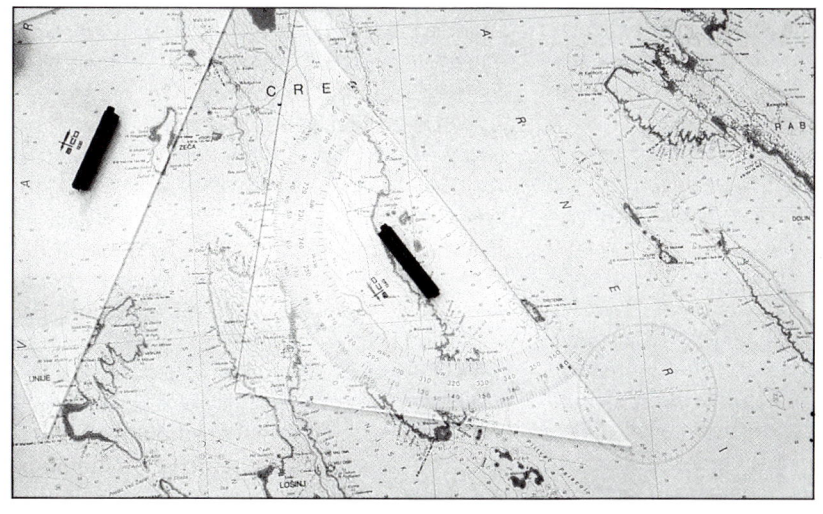

Am gebräuch-
lichsten sind die
Kartendreiecke.
*Eines davon hat
nur die Funktion,
beim Zeichnen
einen Halt für das
Kursdreieck zu
geben. Dieses
Anlegedreieck
braucht keine
Gradteilung zu
haben. Auch ein
Lineal reicht, um
das Kursdreieck
anzulegen.*

Beim Einzeichnen der Position hat es sich – wie bei allen Kartenaufgaben – bewährt, daß der Navigator zunächst einmal für ein paar Sekunden überlegt, wie das Ergebnis seiner Kartenaufgabe aussehen könnte. Wo ungefähr wird die Position auf der Karte sein? Liegt sie vielleicht schon auf der Anschlußkarte? Oder gar an Land? Habe ich also einen Rechenfehler gemacht, oder zeigt die Elektronik des Satellitenempfängers falsch an? All dies läßt sich schnell prüfen. Wichtiger noch: Wenn später das Bleistiftkreuz auf der Karte mit unseren Vorstellungen nicht übereinstimmt, muß ich irgend etwas falsch gemacht haben!

Also, wo liegen 38°45′N 001°44′E?

Zunächst wird das Kursdreieck so auf den Meridian 001°40′ (Meridiane sind alle senkrechten Gradlinien) gelegt, daß die längste Seite des Dreiecks, die Hypotenuse, genau in Ost-West-Richtung zeigt und gleichzeitig durch die gewünschte Breite von 38°45′ am Kartenrand führt. Man könnte hierzu auch den nächstgelegenen Kartenrand benutzen. Alle senkrechten Grad-Linien, also alle Meridiane, eignen sich als Leitlinie für das Kursdreieck.

Wann aber zeigt die lange Seite des Dreiecks genau in Ost-West-Richtung?

Jedes Kursdreieck hat in der Mitte der Hypotenuse eine Nullpunktmarkierung. Sie ist wichtig, brauchen wir sie doch bei jedem Messen eines Kurses. Dieser Nullpunkt *muß* auf einem Meridian (jede senkrechte Gradlinie auf der Seekarte) liegen; dann kann ich dort, wo der Meridian durch die Gradteilung des Kursdreiecks verläuft, den Kurs (oder die Richtung, was dasselbe ist) der langen Seite (und zwar nur der langen Seite!) ablesen. In unserem Fall muß der Meridian also durch die 90 und die 270 der Gradteilung des Kursdreiecks verlaufen. (Nebenbei: Warum eigentlich 90° *und* 270°? Weil man die Richtung der Hypotenuse als West-Ost-Richtung oder auch als Ost-West-Richtung ansehen kann.)

Jetzt machen wir mit einem Bleistift mittlerer Härte – nur der zeichnet deutlich genug und läßt sich leicht wieder ausradieren – einen dünnen, waagerechten Strich durch den Meridian oder Kartenrand bis ungefähr zu der Stelle, wo wir unsere Position vermuten. Damit ist die Breite schon fertig.

Auf einer großen Seekarte kann in der Praxis der Kartenrand mit der Breitenminuten-Einteilung so weit entfernt sein, daß die lange Seite des Dreiecks nicht ausreicht. Da hilft das Anlegedreieck oder das Lineal. Es wird an die Hypotenuse des Dreiecks angelegt, fest auf die Unterlage gedrückt (häufig verrutscht es doch!) und daran das Kursdreieck verschoben. Man hat eine gute Kontrolle, ob es nicht verrutscht ist, denn wenn die Nullmarkierung im Kartenmeridian ist, muß unten die 90 oder die 270 stehen.

Nun zur Länge: Hierfür greifen wir mit dem Kartenzirkel am unteren oder am oberen Kartenrand, je nachdem, was günstiger ist, die Längenminuten ab, und zwar von einem (nahen) Längengrad aus. Es wäre nicht falsch, den Zirkel statt am Meridian anzusetzen, ihn weiter aufzumachen und am rechten Kartenrand einzustechen, aber man sollte zu große Zirkelöffnungen vermeiden, sie bringen unnötige Ungenauigkeit in die Kartenarbeit. Jetzt nur noch die eine Zirkelspitze in Höhe der gekennzeichneten Breite auf dem Meridian ansetzen und bei der anderen Zirkelspitze die Länge mit dem Bleistift markieren!

Immer sollte eine solche Marke aus einem zarten Bleistiftkreuz bestehen. Handelt es sich um einen zuverlässigen Schiffsort, beispielsweise aus einem Loran-C-Gerät mit einwandfreien Senderketten oder aus einer astronomischen Ortsbestimmung oder aus zwei Kompaßpeilungen, dann machen wir einen kleinen Bleistiftring um dieses Kreuzchen. Ist es lediglich ein Koppelort aus zurückgelegter Strecke und gesteuertem Kurs, ist der Ort also mit Ungenauigkeiten behaftet, dann belassen wir es bei dem Kreuzchen.

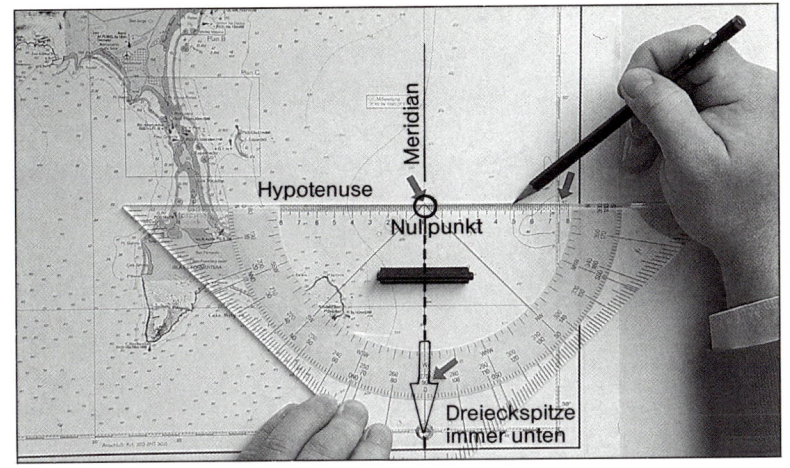

Durch Ziehen eines Striches entlang der Hypotenuse entsteht eine Kurslinie nach West oder Ost. Er muß durch die betreffende Breite von 38°45' N am Kartenrand verlaufen.

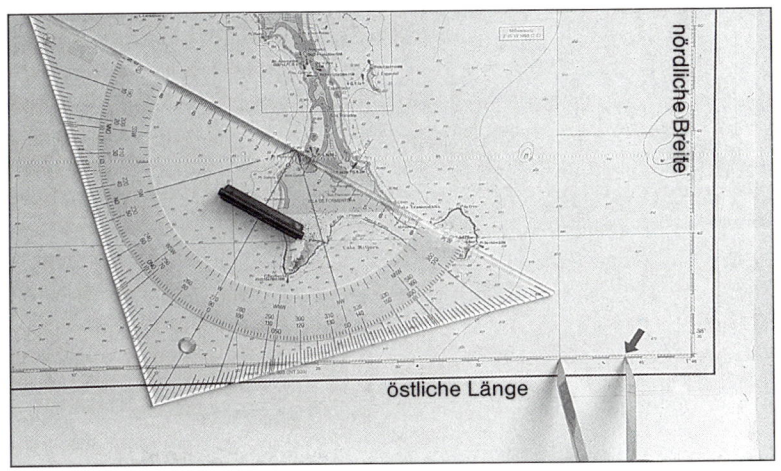

Am unteren Kartenrand wird mit dem Zirkel die Länge von 1°44' E abgegriffen . . .

. . . und dann ausgehend vom Meridian auf dem Bleistiftstrich abgetragen. Ergebnis: Die Position von 38°45' N, 1°44' E.

In der Bordpraxis, auf hoher See also, wird man noch (mindestens) die Uhrzeit dazuschreiben, vielleicht auch den Logstand. Eine Unart gewöhnen wir uns gar nicht erst an: Die Koordinaten schreiben wir nicht dazu. Sie schränken den ohnehin schon engen Raum auf der Seekarte ein und verdecken vielleicht andere wichtige Informationen. Das gilt für alle Details, die sich aus der Karte selbst ergeben. Und um die Position herauszumessen, bedarf es ja nur zweier Zirkelschläge.

Für die letzten beiden Aufgaben in der Seekarte, nämlich das Einzeichnen und Herausmessen von Kursen, benötigen wir keinen Zirkel mehr, sondern nur noch die Kursdreiecke oder ein anderes Instrument, was immer der Navigator bevorzugt.

Wenn wir es genaunehmen, dann haben wir mit dem Dreieck bereits eine Kurslinie in die Seekarte eingezeichnet, nämlich den Kurs 90° beziehungsweise 270°. Damit haben wir oben die Position in die Karte eingetragen. Nicht anders funktioniert das Zeichnen einer beliebigen Kurslinie in die Karte.

Aber halt! Auch bei dieser Grundaufgabe, die im Navigationsalltag x-mal vorkommt, empfiehlt es sich dringend, daß man sich vorher, bevor man den Bleistift in die Hand nimmt, kurz überlegt, wie der Kursstrich in der Karte liegen muß. So vermeidet man Fehler. Das ist kein Schutz vor Ungenauigkeiten. Aber Ungenauigkeiten von ein paar Grad sind immer noch besser zu verkraften als Leichtsinnsfehler. Ob man statt 182° 180 oder 184 einzeichnet, ist nicht so wichtig; wenn aber der Kursstrich statt der 182° 128° hat, wird es gefährlich. Also vorher überlegen:

000° ist „oben"
045° ist „rechts oben"
090° ist „rechts"
135° ist „rechts unten"
180° ist „unten"
225° ist „links unten"
270° ist „links"
315° ist „links oben"
360° ist „oben"

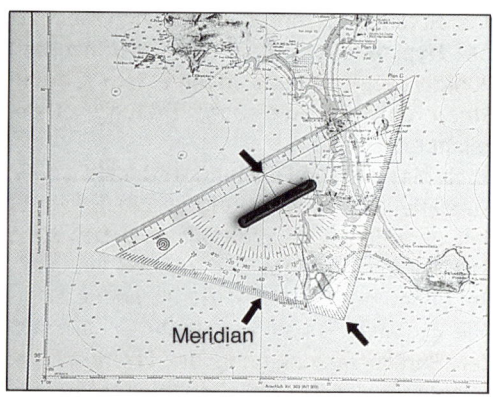

Wenn erstens die mittlere Spitze des Kursdreiecks zum Navigator zeigt, zweitens der Nullpunkt durch einen Meridian verläuft und drittens die gewünschte Gradzahl ebenfalls auf dem Meridian liegt, stellt die Hypotenuse die gesuchte Kursrichtung dar. Verläuft die Hypotenuse aber nicht durch den Schiffsort, dann kann das Kursdreieck mit Hilfe des Anlegedreiecks an allen Dreieckseiten so lange verschoben werden, bis der Kurs schließlich durch den Schiffsort verläuft.

Gedanklich kann man die Zwischenwerte zu diesen groben Werten interpolieren. Ein Blick auf die Kompaßrose in der Seekarte bestätigt dies.

Also: Zum Einzeichnen eines Kurses legt man das Kursdreieck so auf irgendeinen Meridian, daß

1. der Meridian durch den Nullpunkt in der Mitte der Hypotenuse verläuft,
2. der Meridian auch durch die gewünschte Gradzahl verläuft,
3. die Spitze des Kursdreiecks zum Navigator zeigt.

Wenn diese drei Punkte beachtet werden, zeigt die Hypotenuse die gewünschte Kursrichtung. Allerdings wird diese Kursrichtung nicht durch den gewünschten Ort, also ein Peilobjekt oder den Schiffsort, verlaufen. Das erreichen wir dadurch, daß wir an einer beliebigen Seite des Kursdreiecks unser Anlegedreieck (mit einer beliebigen Seite) oder ein gewöhnliches Lineal anlegen und das Kursdreieck so lange verschieben, bis die Hypotenuse durch den gewünschten Punkt verläuft. Dann wird mit einem leichten Strich die Kurslinie oder Peilung eingezeichnet.

Auch hier gilt: Die Richtung wird nicht an die Kurslinie geschrieben (und so die Seekarte mit überflüssigen Informationen belastet), denn jeder Navigator kann sie in zwei Sekunden aus der Seekarte herausholen.

Wie wir leicht feststellen, verändert sich bei der Parallelverschiebung die Richtung der Hypotenuse nicht, gleichgültig, an welcher Seite das Anlegedreieck angelegt wird. Der Kurs bleibt also gleich. Wenn das Dreieck bei der ganzen Verschieberei geringfügig verrutscht, dann bitte nicht herumtricksen (nach dem Motto: „Ungefähr paßt das schon . . .“), sondern von vorne anfangen. Nach zehn Minuten hat man den Bogen raus, und am zweiten Tag braucht der Navigator nicht mehr länger als ein paar Sekunden zum Einzeichnen des Kurses. Schon allein deshalb, weil diese Übung in der Bordpraxis laufend vorkommt.

Das Herausmessen einer x-beliebigen Kurslinie geht genau andersherum. Aber auch hier — bitte schön — zuerst ein paar Sekunden überlegen, welcher Kurs ungefähr dabei herauskommen muß. Das ist hier besonders wichtig, weil Ihnen das Kursdreieck zwei Ergebnisse bringen wird, wovon nur eines richtig ist. Haben Sie sich allerdings das Ergebnis vorher überlegt, kann es später keinen Zweifel geben. Dieses Abschätzen kann man üben. Ein Gesellschaftsspiel für Navigatoren: Einer wirft das Kursdreieck auf die Karte. Dann wird geschätzt. Wer dem tatsächlichen Kurs am nächsten kommt, hat gewonnen.

Will man die Richtung genau wissen, so wird mit Hilfe des Anlegedreiecks das Kursdreieck so lange verschoben, bis der Nullpunkt auf der Hypotenuse und die Gradteilung auf einem Meridian liegen. Schon kann der Kurs abgelesen werden.

Aber da stehen ja zwei Zahlen, beispielsweise 290 und 110. Welche ist richtig? Das sollte kein Problem sein und ergibt sich aus der vorangegangenen Überlegung. Das Dreieck weiß ja nicht, ob wir auf der Kurslinie nach „links oben“ oder nach „rechts unten“ segeln.

> **Übungsaufgaben**
> Angenommen, die „Larissa“ befindet sich auf 38°41,5′N 001°43,2′E und möchte nach 39°07,3′N 001°42,9′E. Welcher Kartenkurs führt dorthin? Wie viele Meilen sind es bis dorthin? Wie lange braucht die „Larissa“ bei einer angenommenen Geschwindigkeit von sechs Knoten?
> So geht der Navigator vor:
> 1. Überlegung: Wo ungefähr befindet sich der Abfahrtsort? — Einzeichnen!
> 2. Überlegung: Wo ungefähr befindet sich der Zielort? — Einzeichnen!
> 3. Überlegung: Wie ungefähr lautet der Kartenkurs („Larissa“ muß etwas nach „links oben“ segeln, also muß der Kurs so zwischen 350° und 360° liegen!)?

So, das ist die erste praxisnahe Aufgabe in unserem Intensivkursus. Welchen Kurs der Navigator gemessen hat und wie lange er nach 39°07,3′N 001°42,9′E benötigt, kann der Skipper der „Larissa“ auf Seite 111 erfahren.

Manchem Leser, der schon mal navigiert hat, mag dies alles bisher zu langsam, zu ausführlich, zu selbstverständlich gewesen sein. Das ändert sich im nächsten Kapitel, wenn wir über das wichtigste Navigationsinstrument, den Kompaß, reden. Dabei bekommen wir nämlich schon einen kleinen Einblick in die astronomische Navigation mit der Sonne.

4

Der Kompaß

Drei Kapitel lang haben wir uns mit der Seekarte beschäftigt. Jetzt geht es endlich an Bord unserer seegehenden Yacht. Der Navigator wird sich dabei zunächst Gedanken machen, ob die Navigationsecke komplett ist. Was aber heißt komplett?

Es gab früher Weltumsegler, die sind mit Hilfe eines Kompasses, eines Plastiksextanten und eines Weckers um den Globus gekommen. Heute sieht es in der Navigationsecke vieler Yachten wie in einem mittleren Elektrizitätswerk aus.

Jeder Navigator wird andere Vorstellungen haben. Meine Prioritätenliste für eine seegehende Yacht sieht so aus:

● Seekarten, Zirkel, Dreiecke, Bleistift, Radiergummi, Taschenrechner, Quarzuhr
● Magnetkompaß und Peilkompaß
● Echolot
● Radar
● Küstengewässer: Decca (Ost- und Nordsee) oder Loran C (Mittelmeer) oder statt dessen GPS
● Hochsee: Sextant, Kurzwellenempfänger und GPS
● Taschencomputer oder Laptop-Computer oder Notebook-Computer
● Log/Speedometer

Einige wird überraschen, daß das Log beziehungsweise Speedometer so weit hinten rangiert, obwohl das Speedo doch so ein beliebtes Spielzeug ist. Vor 20 Jahren gehörte der Meilenzähler tatsächlich zur Grundausstattung. Da gab es noch nicht GPS, Decca, Loran C und Radar auf Yachten, statt dessen aufwendige Funkpeiler, die schon fast nach Laune und Witterung mehr oder weniger ungenaue Ergebnisse auswarfen – nicht viel genauer als die Schätzung mit Kompaß und Log. Heute hat die Koppelei als seriöse Schiffsortbestimmung ausgedient. Wir werden darauf noch zurückkommen.

Das Radar rangiert in meinen Augen ganz vorne. Es sollte auf jedem Fahrtenschiff vorhanden sein, wenn es sich vom Geldbeutel und von der Größe des Schiffes her machen läßt. Der Stromverbrauch ist kaum noch ein Thema, weil das Radar zur Schiffsortbestimmung, anders als bei Nebelfahrten oder ähnlichem, nur minutenlang eingeschaltet wird.

Und nun zum Kompaß, der das älteste Navigationsinstrument ist und wohl in diesem Jahrtausend von keiner Elektronik verdrängt werden kann. Genauer: Es soll vom Magnetkompaß die Rede sein, der bis jetzt auf Grund seiner faszinierenden Einfachheit weder vom Kreiselkompaß noch vom Erdfelddetektor oder Fluxgate abgelöst wurde.

Das Prinzip des Magnetkompasses kennen wir: Eine Magnetnadel richtet sich nach Norden aus. Die schönen großen Yachtkompasse haben zwar keine Nadel mehr, aber die Kompaßrose mit der Gradteilung ist derart mit Magneten versehen, daß sie sich mit der Ziffer 360 nach Norden dreht. Das ist bei allen Kompassen gleich, auch bei den kleinen Spielzeugkompassen, die wir gelegentlich am Schlüsselanhänger oder am Armaturenbrett unseres Autos haben.

Die schönen Steuersäulen im Cockpit von manchen Segelyachten haben den Nachteil, daß man nicht über den Kompaß peilen kann. Bei der Schiffsortbestimmung spielt dies keine große Rolle, denn hier hilft der Peilkompaß weiter. Aber man kann den Kompaß nicht mehr so leicht überprüfen.

Kompaßfehlweisung: Wieweit ist sie zu vernachlässigen?

Kompaßkontrolle aber ist notwendig, weil der Kompaß nicht immer dorthin zeigt, wohin er zeigen soll. Ich möchte das aber nicht dramatisieren. Auf einem Kunststoffschiff in der Ostsee oder einer Teakholzyacht (soll es ja noch geben) in Jugoslawien ist die Fehlweisung nicht gefährlich groß, sollte sie zumindest nicht sein. Kontrollieren müssen wir das aber, zumindest zu Beginn der Saison. Wenn ein Anfänger dies macht, dann tut er erheblich mehr für seine Sicherheit als etwa jene Charterskipper mit C-Schein, die an Bord einer Yacht kommen und sich zunächst einmal in die Gebrauchsanweisung für das Loran-C-Gerät vertiefen.

Ich bin ein großer Anhänger jeder Vereinfachung, und so navigiere ich auf Kunststoffkreuzern in „unseren" Revieren (Mittelmeer, Ostsee), ohne Ablenkung (Deviation) und Mißweisung zu berücksichtigen. Aber erst, nachdem ich nachgeprüft habe, ob sie vernachlässigbar gering sind. Jeder Praktiker wird das so machen!

Mit einem Satz erklärt: Die Mißweisung ist der Fehlbetrag, um den der Kompaß nicht nach Norden zeigt, weil der geographische Nordpol und der magnetische Nordpol nicht identisch sind. Die Deviation dagegen ist die Ablenkung des Kompasses durch Metallteile oder gar magnetische Gegenstände in der Nähe des Kompasses.

Mißweisung

Die Mißweisung kann ich jeder Seekarte entnehmen; meist steht sie in der Kompaßrose oder in deren Nähe. Sie ist als westliche (Vorzeichen: minus) oder als östliche Mißweisung (Vorzeichen: plus) angegeben. In „unserer" Gegend, also im Mittelmeer und in der Ostsee, ist sie kleiner als 3° und kann deshalb — trotz Protestes der Navigationslehrer — vernachlässigt werden. Denn selbst wenn wir noch so gute Kompasse haben, so genau können wir gar nicht steuern. Also abgehakt!

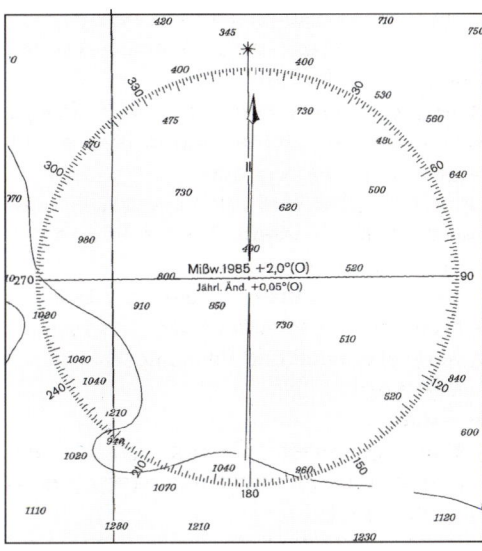

Die Mißweisung von + 2,0° (Ost) ändert sich von Jahr zu Jahr. Aber diese Änderung ist so gering (überall auf der Erde in „Segelbreiten"), daß sie uns nicht weiter zu interessieren braucht. Dies ist die Kompaßrose, wie sie bisher in deutschen Seekarten zu finden war. In neuen und neu aufgelegten Karten sieht sie etwas anders aus, ist auch nicht mehr das Vorzeichen angegeben, sondern nur noch E (Ost) oder W (West = minus) — siehe beiliegende Übungskarte.

Auf vielen Karten finden wir mehr als nur eine Kompaßrose, mit geringfügig anderen Mißweisungen. Wenn die Mißweisung berücksichtigt wird, nimmt man die in der nächstgelegenen Rose oder aber den gesondert in einem Kästchen genannten Wert – wie in der Übungskarte auf 38°50′N und 001°38′E. Merken Sie sich bitte in jedem Fall, daß es die Mißweisung gibt. Wenn Sie einmal in der Nordsee oder in der Karibik segeln, dann *müssen* Sie die Mißweisung beim zu steuernden Kurs berücksichtigen. Hier erreicht sie so große Werte – 10°, 20°, ja 30° und mehr –, daß sie nicht mehr übergangen werden darf. Wie die Mißweisung in den zu steuernden Kurs eingerechnet, ob sie also hinzugezählt oder abgezogen wird, läßt sich – bei Bedarf – in jedem Navigationslehrbuch* nachlesen.

Ablenkung

Solange auch die Ablenkung (Deviation) des Magnetkompasses unter 3° liegt, brauchen wir uns ebenfalls nicht darum zu kümmern. So gering ist sie auf einem Kunststoffschiff, falls nicht irgendwelche Störfaktoren „eingebaut" sind. Wie gefährlich aber die Ablenkung sein kann, davon sollte sich jeder Navigator einmal überzeugen:
Halten Sie einen Magneten an einen Kompaß! Keine Angst, es kann nichts kaputtgehen. Probieren Sie es mit einem Spielzeugkompaß aus, und machen Sie sich Ihre Gedanken, wenn die Kompaßrose oder -nadel anfängt, wild herumzukreisen. Glauben Sie nicht, daß ein teurer, großer Yachtkompaß bei diesem Versuch besser abschneidet. Kann er nämlich gar nicht.

---

* Für die, die es trotz der empfohlenen Vereinfachungen unbedingt exakt machen wollen: Wenn der Kurs aus der Seekarte gesteuert werden soll, muß die Mißweisung abgezogen werden, wobei das Vorzeichen aus der in der Seekarte angegebenen Mißweisung zu berücksichtigen ist. Es gilt dann im Ergebnis: östlich wird abgezogen, westlich hinzugezählt (weil zweimal minus schließlich plus ergibt).

Denn die Kraft, die vom Magneten in der Hand ausgeht, ist ja genau die Kraft, die der Kompaß möglichst deutlich anzeigen soll, nämlich magnetische Ströme.
Wenn Sie gerade keinen Magneten zur Hand haben, tut es jeder andere Gegenstand aus Eisen (Edelstahl einwandfreier Qualität beeinflußt den Kompaß nicht), selbst eine (eiserne) Büroklammer! Da kann man sich dann gut vorstellen, wie sich ein ganzes Schiff aus Eisen (Stahl) auf den Kompaß auswirkt.
Ein solcher Versuch ist ganz lehrreich, denn dann achtet man darauf, daß keine magnetischen Gegenstände zu nahe am Kompaß angebracht oder aufbewahrt werden. Ob ein Gegenstand schadet, läßt sich im Hafen leicht ausprobieren, indem man ihn ganz nahe um den Kompaß herumführt. Bewegt sich die Rose, dann ist Vorsicht geboten.
Man wird dabei feststellen, daß das Takelmesser in der Ölzeughose des Rudergängers wahrscheinlich harmlos, Walkman und vor allem dessen Kopfhörer dagegen ein Störfaktor erster Güte sind. Aber auch sie verlieren ihren schädlichen Einfluß auf den Steuerkompaß, wenn sie ein, zwei Meter von ihm entfernt aufbewahrt werden.
Bevor also mit dem Kompaß in der Praxis navigiert wird (und dazu zählt das Rudergehen), muß zumindest zu Beginn der Saison überprüft werden, ob er auch wirklich so anzeigt, wie uns seine Rose glauben macht.

Kompaßkontrolle durch Peilen

Wie geschieht das? Man peilt, mißt also den Kompaßkurs zu irgendeinem Objekt, von dem man die richtige Peilung – man nennt sie die „rechtweisende" (bitte merken!) – kennt, und vergleicht die beiden Peilungen. Der Unterschied ist die Fehlweisung des Kompasses.
In der Bordpraxis ist das freilich nicht ganz so einfach, schon allein deshalb, weil die

Ablenkung des Kompasses durch Störgegenstände je nach der Richtung der Yacht, also je nach dem Kurs, auf dem sie liegt, verschieden ist. Also sollten wir mehrere Peilungen nehmen, am besten für alle 10° am Kompaß. 36 Messungen können zeitraubend, aber auch in einer Viertelstunde erledigt sein.

Theoretisch ist die Bestimmung der Ablenkung ganz einfach. Mit dem Schiffskompaß wird möglichst auf allen Kursen, die das Schiff während der Peilung gerade einnimmt, eine Marke angepeilt und diese Peilung mit der aus der Karte herausgemessenen Peilung verglichen. Beträgt der Unterschied 0° auf allen Kursen, so liegt keine Fehlweisung vor.

Es gibt auch die Empfehlung, die Yacht zu diesem Zweck auf einer bekannten Position mit Hilfe des Beiboots im Kreis zu drehen und jeweils alle 10° ein mindestens zwei Seemeilen entferntes Landobjekt zu messen. Das dauert seine Zeit und ist umständlich. Häufig ist es schwierig, die genaue Position der Yacht festzustellen, und oft driftet sie beim Drehen aus dem festgelegten Schiffsort. Nicht viel, aber ausreichend, um die Peilung zum Landobjekt zu verändern, je nachdem, wie weit das Peilobjekt entfernt ist. Ausnahmsweise wollen wir bei der Ermittlung der Fehlweisung aber ganz genau sein, denn wenn wir sie in Zukunft nicht mehr beachten, müssen wir zumindest wissen, ob dies verantwortet werden kann.

Astronomische Kompaßkontrolle

Ich ziehe die astronomische Bestimmung der Fehlweisung vor, also mit Hilfe der Sonne. Das geht schneller, ist genauer und vor allem einfacher — selbst für den Anfänger, wenn er auch bei dem Wort Astronavigation zusammenschrecken wird. Wir brauchen dazu nicht einmal einen teuren Sextanten. Erforderlich sind lediglich:

1. ruhige See (am besten Flaute)
2. ein Schattenstift oder eine (billige) Peilscheibe
3. ein Kassettenrecorder
4. die Uhrzeit — auf eine Minute genau
5. die ungefähre Position der Yacht
6. die rechtweisende Peilung zur Sonne

Zu 1: Die Sonne wird gepeilt, indem man langsam unter Maschine in ruhigem Wasser einen Kreis fährt. Wer ganz genau sein will, macht eine zweite Meßreihe auf einer zweiten Kreisfahrt, und zwar anders herum. Dies kann zu Beginn des Törns, sogar noch im geschützten Hafenwasser oder gleich vor der Mole, geschehen. Ein großer Vorteil dieser Methode liegt darin, daß man nicht, wie bei der Ablenkungsbestimmung mit Hilfe einer Landpeilung, an einen bestimmten Ort gebunden ist. Nur der Blick auf die Sonne muß frei sein.

Zu 2: Die meisten Kompasse sind so im Cockpit aufgestellt, daß man nicht über sie hinwegpeilen kann. Gehört zum Kompaß ein Schattenstift (vielleicht liegt er noch in der Verpackung), dann kann man sich glücklich schätzen. Der Schattenstift — wegen der Ablenkung meistens aus Messing oder Kunststoff — wird auf den Kompaß aufgesteckt. An dem Schatten, den der Stift in der Sonne wirft, kann dann die jeweilige Kompaßpeilung leicht abgelesen werden.

Bietet der Kompaß keine Möglichkeit, direkt die Sonne zu peilen, dann brauchen wir eine Peilscheibe. Und die fehlt auf fast allen Yachten, obwohl das ein universelles Gerät ist. Die Anschaffung einer preiswerten Scheibe aus Kunststoff lohnt sich allemal. Man bringt sie für die Sonnenpeilung an einem geeigneten Platz am Schiff mit Rundumsicht an. Wenn man Tape dafür nimmt, kommt man ohne Schrauben aus. Das Ganze muß ja nicht stabil sein, denn nach der Sonnenpeilung wird die Scheibe ohnehin wieder entfernt. Wichtig ist nur, daß man sie möglichst genau in Schiffslängsachse ausrichtet.

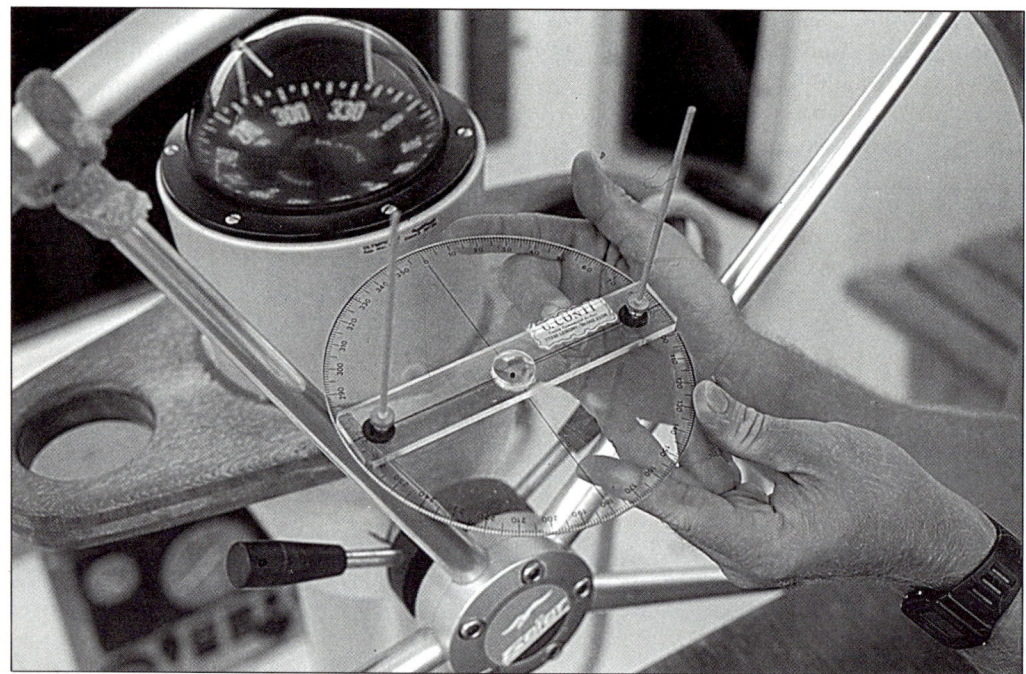

Astronomische Bestimmung der Steuerkompaß-Fehlweisung: Wenn über den Kompaß selbst die Sonne nicht gepeilt werden kann, muß eine Peilscheibe zu Hilfe genommen werden. Allerdings ist die Achse 0°–180° genau in Schiffslängsachse auszurichten.

Zu 3: Ein Kassettenrecorder oder ein Diktiergerät müßte zwar nicht sein, vereinfacht die Sache aber enorm und spart gewöhnlich einen zweiten Mann ein. Während der Kreisfahrt werden die Peilungen, der jeweilige Kompaßkurs und gelegentlich die Uhrzeiten auf das Band gesprochen. Später kann das Band in Ruhe abgeschrieben und ausgewertet werden. Wer das noch nie ausprobiert hat, wird überrascht sein, wie groß die Erleichterung ist.

Zu 4: Wir benötigen die Weltzeit (UTC) auf ungefähr eine Minute genau. Das ist heute mit der Quarzuhr, auch wenn sie lange nicht mehr nachgestellt wurde, immer drin. Die Weltzeit ist unsere deutsche Sommerzeit minus zwei Stunden oder die normale mitteleuropäische Zeit (MEZ) minus eine Stunde.

Zu 5: Die Position der Yacht nach Breite und Länge muß lediglich auf 30 bis 50 Seemeilen genau bekannt sein. Eine aufwendige Ortsbestimmung entfällt deshalb in fast allen Fällen.

Zu 6: Die rechtweisende Peilung zur Sonne ist der kleine Haken an der Geschichte. Aber das Problem ist leicht zu lösen.

Den Kreis sollten wir am besten am Vor- oder am Nachmittag drehen. Die Mittagszeit ist ungünstig, weil die Sonne hoch steht und der Schatten über Kompaß oder Peilscheibe nur kurz ist. Das Hauptargument gegen die Mittagszeit jedoch ist die schnelle Änderung der rechweisenden Peilung zur Sonne.

Wie aber erfahren wir die rechtweisende, also die fehlerfreie Peilung zur Sonne? Ganz bestimmt nicht dadurch, daß wir die Sonne mit dem Peilkompaß anvisieren. Denn der kleine Peilkompaß hat ja wiederum irgendwelche Ablenkungen, die die Peilung verfälschen. Wir wollen die rechtweisende Peilung zur Sonne aber genau wissen.

Ganz exakt und am bequemsten bekommen wir die rechtweisende Richtung zur Sonne, wenn wir sie von einem Stegnachbarn ausrechnen lassen, nachdem wir unseren Kreis gefahren und die Meßreihe auf dem Kassettenrecorder festgehalten haben. Jedem, der sich mit Astronavigation beschäftigt (das sind hierzulande zigtausend), wird es Spaß machen zu helfen. Wenn er gar im Besitz eines YACHT-Computers ist, so bereitet es lediglich ein müdes Lächeln und erfordert ein oder zwei Minuten Geduld. Denn clever wie wir sind, lassen wir die Peilung zur Sonne nicht für jede der 30 oder 40 Kompaßpeilungen ausrechnen. Gewöhnlich reicht die Peilung zum Zeitpunkt der ersten und der letzten Peilung aus. Beide Peilungen werden sich nur um wenige Grad unterscheiden, so daß wir die Zwischenwerte guten Gewissens schätzen können. Wenn die Unterschiede größer sind oder wir für unseren Kreis etwas mehr Zeit gebraucht haben, dann werden es eben ein paar Rechnungen mehr.

Wer einen Taschencomputer besitzt, der für diese Zwecke von einem Spezialisten programmiert wurde, wird bei einem vernünftigen Programm keine Schwierigkeiten haben (auch wenn er von Astronavigation keine Ahnung hat), die rechtweisende Peilung zur Sonne vorauszuberechnen. In den Rechner einzugeben sind nämlich nur das Datum, die Zeit und der ungefähre Schiffsort, auf 30 Meilen genau.

Die rechtweisende Peilung zur Sonne, man nennt sie auch Azimut, ist ein Ergebnis beim Programm „Vorausberechnung von Höhenwinkeln".

Wer aber weder einen YACHT-Computer noch hilfsbereite Stegnachbarn oder Mitsegler hat, kann nach der Anweisung auf Seite 42 das Azimut auf jedem 20-Mark-Rechner auch selbst austippen, sofern die Tastatur Sin(us) und Cos(inus) enthält. Es macht nichts aus, wenn Sie nicht wissen, was ein Sinus ist. Hauptsache, es steht auf der Taste. Sie brauchen auch von Astronavigation keine Ahnung zu haben, es gilt nur, nach der Anweisung die Formel einzutippen. Zum Ausrechnen sind noch zwei Werte aus

dem aktuellen Nautischen Jahrbuch erforderlich. Das finden Sie bestimmt auf einer anderen Yacht. Welche Yacht macht einen weitgereisten Eindruck? Dort gibt es sicher das Nautische Jahrbuch. Wenn es gar nicht anders geht, kaufen Sie sich das 36 DM teure Jahrbuch. Es nützt in jedem Fall.

Rechnen Sie sich also für den Meßbeginn und für das Meßende, also zweimal, die Richtung zur Sonne aus. Wem das zu kompliziert erscheint, der möge bedenken, daß das meist nur einmal im Jahr vorkommt, zu Beginn der Segelsaison oder des Chartertörns. Außerdem steht man nicht unter Zeitdruck, schließlich ist ja alles auf Kassette festgehalten, und man kann die Rechnung in Ruhe am Abend vor Anker oder nach dem Wochenendtörn zu Hause erledigen.

Beim Erstellen der Meßreihe ist es kein Unglück, wenn gelegentlich eine Messung ausfällt (zum Beispiel wenn die Sonne hinter dem Mast steht). Wir wollen ja nur die Werte der Fehlweisung ermitteln.

Wurde eine Peilscheibe verwendet, dann ermitteln wir die Kompaßpeilung zur Sonne leicht dadurch, daß Kompaßkurs und Peilung über die Peilscheibe zusammengezählt werden. Wenn sich Werte über 360° ergeben, müssen 360 abgezogen werden.

Im Mittelmeer und in der Ostsee wird in der Regel auf allen Kunststoffyachten die Fehlweisung, also der Unterschied zwischen der rechtweisenden Peilung zur Sonne im Vergleich zur Kompaßpeilung zur Sonne, auf allen Kursen kleiner als 5°, wahrscheinlich kleiner als 3° sein. Unter diesen Umständen ist in der Praxis für den Skipper das Thema Ablenkung und Mißweisung erledigt — bis zum nächsten Jahr, wenn der Kompaß erneut gecheckt werden muß.

Liegt auf einer Kunststoff- oder Holzyacht die Fehlweisung über 5°, sollte zunächst nach dem magnetischen Störenfried gesucht werden. Da ist etwas nicht in Ordnung. Notfalls muß der Kompaß kompensiert werden, was in der Regel nur der Fachmann vornehmen kann.

Ganz anders liegen die Dinge auf einem Stahlschiff, das aber ohnehin nicht von einem Anfänger navigiert werden sollte. Der Kompaß inmitten der vielen Tonnen Eisen wird – unkompensiert – eine Ablenkung von nicht selten über 50° haben. Aber selbst nach einer Kompensierung ist die ständige Benutzung einer Steuertafel unerläßlich.

Wie man das Azimut ausrechnet

Schauen Sie im Nautischen Jahrbuch (NJ) unter dem betreffenden Datum nach, und holen Sie sich bei der vorangegangenen Stunde den Greenwichwinkel (Grt) und die Deklination (δ) heraus. Mehr braucht man aus dem NJ nicht.

Jetzt geht es an das Ausrechnen: Hierbei ist ganz wichtig, daß die Werte aus Seekarte und Jahrbuch in Dezimalgrad umgewandelt werden. Im Jahrbuch stehen sie nämlich in Grad und Minuten. Damit kann ein Rechner gewöhnlich nichts anfangen.

Zur Umrechnung werden die auf- oder abgerundeten Minuten durch 6 geteilt und den Graden nach dem Komma angehängt. Das ginge notfalls sogar im Kopf.

Beispiel: 32 Grad und 16,8 Minuten ergeben – 17 Minuten durch 6 – aufgerundet 32,3 Grad. Auf übergroße Genauigkeit kommt es hier nicht an. Die 16,8 Minuten können also ohne weiteres als 18 Minuten angesehen werden, damit sie sich leichter teilen lassen. Wer es mit dem Taschenrechner macht, kommt auf genau 2,8 und hängt das hinter dem Komma den ganzen Graden zu 32,28 an, was nicht wesentlich von der Kopfrechnerei abweicht.

Jetzt zur Formel für unsere Nordhalbkugel. Aber bitte nicht erschrecken, was so nach Mathematik aussieht, sind nichts als ein paar Tastendrücke auf einem billigen 20-Mark-Rechner:

Z = arctan (sin Längenunterschied : (cos Breite * tan Deklination – sin Breite * cos Längenunterschied)).

Die fertige Richtung zur Sonne lautet dann:
Am Vormittag:
Wenn Z positiv ist, dann ist das Azimut gleich 180 minus Z.
Ist Z negativ, dann ist das Azimut der positive Wert von Z.
Am Nachmittag:
Ist Z negativ, dann ist das Azimut gleich 180 minus Z.
Ist Z positiv, dann ist das Azimut gleich 360 minus Z.

Befindet sich das Schiff auf Ostlänge, werden für die Berechnung des Längenunterschiedes die Länge des Schiffsortes nur zum Greenwichwinkel dazugezählt. Bei Westlänge des Schiffes wird diese vom Greenwichwinkel abgezogen. Auch, wenn ein negativer Wert herauskommt.

Ob die richtigen Tasten gedrückt wurden, sieht man gleich am Kompaß oder gar schon am Ergebnis: In unseren Breiten liegt das Azimut am Vormittag zwischen 70 und 170°, am Nachmittag zwischen 190 und 280°.

So, ans Werk! Irgendwelche Formelbestandteile unbekannt? „sin" und „cos", also Sinus und Cosinus, steht auf dem Rechner. „arctan" ist die Umkehrfunktion vom Tangens und kann auch als „inv tan" oder „tan^{-1}" oder „atan" oder „atn" auf manchen Tastaturen bezeichnet sein. Die Breite bekommen wir aus der Seekarte; sie darf bis zu 30 Seemeilen falsch geschätzt sein. Die Länge ebenfalls.

Die „Deklination" – nur der Vollständigkeit halber sei erwähnt, daß dies die Breitenkoordinate der Sonne ist – steht für unsere Zwecke fertig im Nautischen Jahrbuch, und zwar bei der vollen vorangehenden Stunde unter dem Zeichen „δ".

Den Greenwichwinkel (Längenkoordinate der Sonne) findet man gleich daneben unter der Spalte „Grt", mit einer kleinen Besonderheit: Er ändert sich so schnell, daß wir nicht einfach den Wert der vorangegangenen Stunde nehmen können. Wenn wir aber für jede 4 Zeitminuten genau einen Grad zu diesem Wert der vollen Stunde dazuzählen,

dann ist er für unsere Zwecke genau genug.
Im Jahrbuch finden wir für 8 Uhr UTC 298 Grad 40,5 Minuten Grt und 15 Grad 28,1 Minuten.

Beispiel: Am 10.8.1991 befindet sich RHAPSODY auf ungefähr 38° 51 Minuten N und 1 Grad 04 Minuten E. Zu Beginn des Kreises zur Feststellung der Fehlweisung des Steuerkompasses ist es 8 Uhr 12 Minuten Weltzeit. Am Ende der Messungen beträgt die Uhrzeit 8 Uhr 21 Minuten. Wie lautet die rechtweisende Peilung zur Sonne?

1. Schritt:

Koordinaten des Schiffsortes werden in Dezimalgrad umgewandelt:

Breite: 38,8 Grad (51 durch 6!) – genauer mit dem Taschenrechner: 38,85.

Länge: 1,1 Grad, mit dem Taschenrechner 1,0667.

Deklination: 15,7 Grad, mit dem Taschenrechner 15,67 Grad.

Greenwichwinkel für 8 Uhr 12 Minuten: 301 Grad 38,7 Minuten, also 301,64 Grad.

```
  199X  AUGUST  10
```

	222	SONNE	r 15,8'		N
	UT1	Grt	δ		Grt
		° ′	° ′		° ′
3 S	0	178 38,0	15 46,4 N		180 45
9 S	1	193 38,0	15 45,7		195 12
1 S	2	208 38,1	15 45,0		209 39
5 N	3	223 38,2	15 44,3		224 06
3 S	4	238 38,3	15 43,5		238 33
6 N	5	253 38,4	15 42,8 N		253 00.
3 S	6	268 38,5	15 42,1		267 27
6 S	7	283 38,6	15 41,4		281 55
6 ➡	8	298 38,7	15 40,6	➡	22
1 N	9	313 38,8	15 39,9		310 50
0 S	10	328 38,9	15 39,2 N		325 17
1 S	11	343 38,9	15 38,5		339 45
0 S	12	358 39,0	15 37,7		354 12

In der Spalte „SONNE" im Nautischen Jahrbuch (NJ) finden wir für 8 Uhr Weltzeit 1 (UT1) die „Länge" (= Greenwichwinkel, Grt) mit 298°38,7' und die „Breite" (Deklination, δ) der Sonne mit 15°40,6'N.

2. Schritt:

Berechnung des Längenunterschiedes. Bei Ostlänge (die RHAPSODY steht auf östlicher Länge) wird zusammengezählt, also: 1,07 + 301,64 = 302,7 Grad.

3. Schritt:

Z = arctan (sin Längenunterschied : (cos Breite * tan Deklination – sin Breite * cos Längenunterschied)).

Z wird nach obiger Formel berechnet:

arctan (sin 302,7 : (cos 38,8 * tan 15,7 – sin 38,8 × cos 302,7))

Wenn wir nach den Regeln der Grundschule – „Punkt geht vor Strich" – zunächst sin 38,8 auf dem Rechner tippen, dann cos 302,7 und dieses dann mit sin 38,8 multiplizieren, bevor wir es von cos 38,8 mal tan 15,7 abziehen und dieses Ergebnis von sin 302,7 abziehen und zum Schluß die Taste atan auf dem Rechner drücken, dann erhalten wir für Z das Ergebnis 81.920695.

Dieses, von 180° abgezogen, ergibt schließlich 98° als rechtweisende Richtung zur Sonne (= Azimut).

Nach dem gleichen Schema das Azimut für 8 Uhr 21 Minuten ausgerechnet, ergibt ein Azimut von 100°. Während des circa 9 Minuten langen Kreises (reicht leicht aus für Peilungen von 10 zu 10 Grad) hat sich die Richtung der Sonne also lediglich um 2 Grad geändert. Man wird also die ersten Messungen auf eine Richtung von 98 Grad, die mittleren 10 Messungen auf eine Richtung von 99 Grad und die letzten auf eine Peilung der Sonne von 100 Grad beziehen.

Nur derjenige, der auf dem Taschenrechner ein einziges Mal versucht diese Rechnung nachzuvollziehen, wird merken, wie einfach sie ist. Alle anderen werden die Fehlweisung des Kompasses weit umständlicher mit Hilfe einer terrestrischen Peilung feststellen müssen.

In modernen Navigationsecken – hier in der 14-Meter-Sloop Santorin von Amel – scheint die Instrumentierung sparsam zu sein, wenn man sich an die instrumentenüberladenen „Navigationslabors" der 80er Jahre erinnert. Trotzdem, so effektiv wurde noch nie auf Yachten navigiert: Zwei Instrumente reichen aus, nämlich Radar (mitte) und GPS (rechts). Mit einem Blick zeigt das GPS den genauen Schiffsort, den Kurs zum Ziel und die Geschwindigkeit an. Logge ist überflüssig. Mit dem Radar kann die Küste sichtbar gemacht werden. Trotzdem: Für Seekarte und Zirkel gibt es noch keinen Ersatz.

5

Katastrophen durch Koppeln

Jetzt segeln wir los! Nachdem wir festgestellt haben, daß unser Steuerkompaß keine nennenswerte Fehlweisung hat (was in der Ostsee oder im Mittelmeer bei einer fachmännischen Installation des Kompasses zu 99 Prozent der Fall ist), steuern wir ganz einfach am Kompaß den Kurs, den wir auf der Karte zum Ziel oder zur nächsten Huk, um die wir herummüssen, ermittelt haben. Also:

1. Überlegen, welcher Kurs ungefähr anliegen muß (geht er zum Beispiel nach „rechts oben" oder „links unten"?).
2. Aus der Karte mit Hilfe von Kurs- und Anlegedreieck oder mit einem anderen Werkzeug (Kursrechner, Parallellineal usw.) den Kurs ermitteln.
3. Diesen Kurs am Steuerkompaß möglichst genau steuern . . .

. . . wenn − die Einschränkung muß ich machen − weder Strom noch Abdrift vorhanden ist.

„Augen auf!" statt komplizierter Stromdreiecke

Ehrlich gesagt: Beim Segeln auf der ganzen Welt habe ich mir wegen des Stroms lediglich in der Nordsee, in der Straße von Moçambique und in der Torres-Straße ernsthafte Gedanken gemacht. Diese Reviere sind aber alles andere als Anfängergewässer.

Das heißt nicht, daß ich zwischen den Kornaten oder in der Straße von Gibraltar keinen Strom erlebt habe, doch in diesem Fall wird nicht mehr stur nach Karte navigiert, sondern man hält in erster Linie die Augen offen und beobachtet die Küste genau. Etwa so: Wandert mein Ziel am Bug voraus nach Backbord aus, so muß ich Strom nach Steuerbord haben.

So jedenfalls, wie es in den Lehrbüchern meist beschrieben ist, wird in der Praxis ganz selten navigiert. Üblicherweise werden keine Stromdreiecke mühsam konstruiert, sondern es wird mit den Augen gepeilt. Denn all die tollen Konstruktionen gehen davon aus, daß der Strom eine gleichmäßige Bewegung der Wasseroberfläche ist. Das aber ist nicht richtig. Er hängt von vielen Faktoren ab, etwa von der Küstenform, der Tide, vom Wind, sogar von der Wassertemperatur. Daher ist es unrealistisch, ihn in ein Rechenschema pressen zu wollen. Und wenn wir den Strom aus dem Vergleich von vorausberechnetem und dann als sicher festgestelltem Schiffsort erhalten, kennen wir nur den Strom, den wir gehabt haben, also den, der bis vor kurzem geherrscht hat. Ob er uns den Gefallen tut, mit gleicher Stärke und Richtung weiterzusetzen, steht auf einem anderen Blatt. Denn die Zeit ist schon weiter, und wir sind weiter. Kurzum, es ist fragwürdig, den Strom zu berechnen und ihn dann gläubig in die Kursberechnung mit einzubeziehen. Dies gilt zumindest für jene Gewässer, in denen wir uns als Navigationsanfänger aufhalten. Also: In den Fällen, in denen wir in Ostsee und Mittelmeer Strom feststellen, sollten wir peilen und dann vorhalten.

Wie man Abdrift und Strom ermittelt

Im Ergebnis ist es gleichgültig, ob wir durch das Wasser (Strom) oder durch den Wind (Abdrift) nach einer Seite versetzt werden. Die Abdrift hat allerdings den Vorteil, daß wir sicher wissen, daß mit ihr zu rechnen ist; beim Strom merken wir das häufig erst hinterher.

Aber allzuviel bringt uns die Erkenntnis zunächst nicht, daß der Wind uns nach der Seite hin abtreibt. Jedenfalls wissen wir nicht genau, um wieviel Grad wir seitwärts versetzt werden. Erst mit viel Erfahrung läßt sich die Abdrift so genau ermitteln, daß wir sie in unseren Steuerkurs einbeziehen können. Nur soviel kann für unsere modernen Segelyachten grob gesagt werden:

● unter Marschfahrt mit Maschine keine Abdrift
● unter Segel bei achterlichen Winden keine Abdrift
● bei glatter See und raumen Winden unter Segel 3° Abdrift
● bei rauher See und raumen Winden unter Segel 5° Abdrift
● Gegenansegeln bei glatter See 10° Abdrift
● Gegenansegeln bei rauher See 20° bis 50° Abdrift

Manch stolzer Eigner einer schnittigen Yacht wird nur ungern hören, daß er beim Kurs hoch am Wind so schlecht abschneidet. Aber es ist so, und das ist letztlich auch der Grund, warum kein Weltumsegler versucht, im Passat „andersherum" zu segeln. Bei 6 Windstärken und entsprechender Ozeandünung git es kaum noch einen Luvgewinn.

Nein, wenn wir unsere Yacht noch nicht ganz genau kennen, ist es besser, die Versetzung durch Peilen festzustellen. Das hat außerdem den Vorteil, daß wir Strom und Abdrift gleichzeitig verarbeiten können. Aber keine Angst, es wird nicht gearbeitet, schon gar nicht gerechnet.

Zu Beginn segeln wir ja meist in Küstennähe und richten unseren Bug nicht auf die offene See. Das heißt, wir haben meist eine Landmarke voraus zum Peilen.

Wie peilen? Natürlich nicht mit einem Peilkompaß oder mit einer Peilscheibe. Viel einfacher:

● Wir stehen mit Blick zum Bug mittschiffs hinter dem Steuerkompaß. Wenn unser Ziel, sagen wir mal ein Leuchtturm, beim Lossegeln genau über den Bug peilt und der Kurs aus der Karte ± 4° (so genau können wir sowieso nicht steuern!) am Kompaß angezeigt wird, dann stimmt — zunächst — unsere Navigation. Wenn nicht, dann haben wir den falschen Leuchtturm identifiziert oder beim Messen in der Karte einen Fehler gemacht.

● Dann geht's los. Wir steuern möglichst genau. Peilt der Turm nach einer Weile, sagen wir einer halben Stunde, bei gleichem Kurs am Kompaß immer noch genau über dem Bug, dann haben wir keine Abdrift und auch keinen Strom, zumindest keinen, der uns zur Seite versetzt und unseren Kurs verfälschen würde.

● Wandert die Landmarke dagegen zur Seite aus, dann werden wir seitwärts versetzt, es herrscht Strom (oder Abdrift). Wir müssen etwas unternehmen, sonst erreichen wir unser Ziel nicht auf direktem Wege.

Ich rate davon ab, jetzt größere Rechnungen anzustellen. Schließlich sollte man sie vermeiden, wo immer es geht. Rechnungen sind stets Fehlerquellen. Sicherheit geht vor, also möglichst wenig Rechnerei.

Wir finden den günstigeren Kurs viel einfacher, und zwar durch Peilung. Bitte jetzt aber auf keinen Fall den typischen Anfängerfehler machen und das Ziel wieder genau auf den Bug nehmen. Das würde uns zwar auch

irgendwann zum Ziel bringen (zumindest dann, wenn der Wind konstant aus derselben Richtung weht), aber auf einer Kurve. Möglicherweise führt diese Kurve über eine Untiefe! Schließlich haben wir uns auf der Karte nur die gerade Strecke zum Ziel angesehen.

Wir drehen unsere Yacht vielmehr so weit, daß das Peilobjekt im gleichen Winkel zur Längsachse peilt, jetzt aber auf der anderen Seite des Schiffes.

Wir müssen in erster Linie erreichen, daß die Peilung zum Zielobjekt steht. Nur dann erreicht die Yacht das Ziel vom derzeitigen Standort aus auf einer geraden Linie, auf einem geraden Kurs und nicht auf einer Kurve. Deshalb achten wir während der weiteren Fahrt fortlaufend darauf, daß unsere Peilmarke (scheinbar) an der gleichen Stelle an der Reling steht. Wandert die Peilung

Ermittlung von Abdrift oder Strom: Wenn der Rudergänger in Längsschiffsrichtung voraus ein Objekt peilt, wird er schon nach kurzer Zeit feststellen können, ob das Schiff zur Seite versetzt wird.

jedoch aus, dann ist der Vorhaltewinkel zu groß oder zu klein.

Das muß nicht daran liegen, daß unser Vorhaltewinkel falsch war. Die Strömung hat sich möglicherweise zwischenzeitlich geändert – oder auch die Abdrift wegen des veränderten Windeinfallswinkels oder weil die See glatter oder rauher geworden ist.

Ein kleines „Aber" könnte man gegen diese Art der Kursfindung vorbringen: Wegen des Auswanderns der Peilmarke haben wir unsere geplante Kurslinie verlassen. Wir segeln also nach dem erneuten Festsetzen

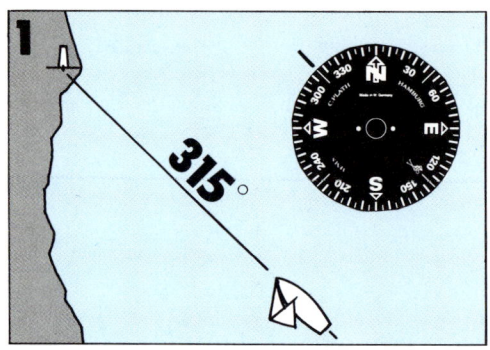

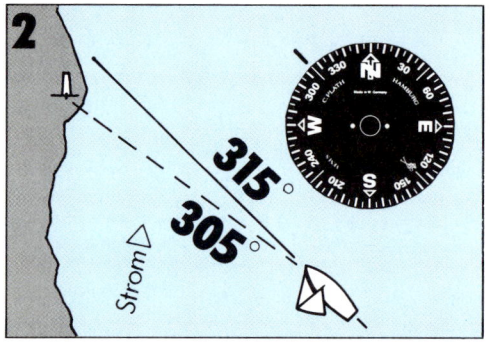

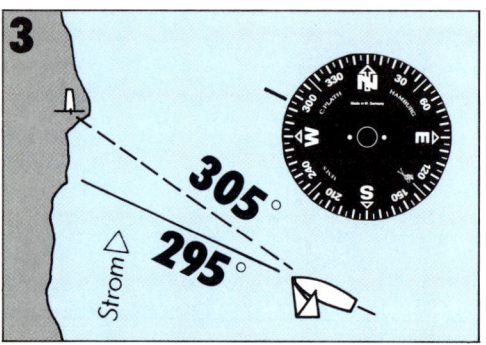

1 Kurs aus der Karte zum Leuchtturm: 315°. Wenn weder Strom noch Abdrift einwirken, wird die Crew dort bald ankern können.
2 Bei Strom oder Abdrift: Gesteuert wird immer noch ein Kurs von 315°, doch der Turm wandert aus und peilt schon bald 305°.
3 Der Rudergänger hält 10° vor, steuert also 295°. Wenn die Peilung ständig steht, wird das Schiff sein Ziel erreichen.

des Vorhaltewinkels einen anderen Kurs zum Ziel. In 99 von 100 Fällen sollte das nichts ausmachen, denn dem Anfänger ist nicht zu raten, sich Kurse auszusuchen, die bei der geringsten seitlichen Versetzung schon Gefahr bringen. Trotzdem ist es eleganter, wenn wir wieder auf unsere ursprüngliche Kurslinie zurückfinden. Also müssen wir noch etwas mehr vorhalten. Wie stellen wir aber fest, ob wir uns auf der Kurslinie befinden? Denn solange wir vorhalten, zeigt unser Bug je niemals zum Zielobjekt.

Ganz einfach: Wir drehen die Yacht so weit, bis das Peilobjekt genau voraus liegt. Einige Sekunden sollten wir auf diesem Kurs verharren, damit sich der Kompaß beruhigen kann, denn wir haben die Rose ein wenig nachgeschleppt. Dann lesen wir ab, ob wir den Kartenkurs wieder erreicht haben, und bemühen uns, auf diesem Kurs zu bleiben.

Wer dies noch nicht versucht hat, sollte es ruhig mal ausprobieren – es funktioniert sehr gut. Die Übung macht's. Regattasegler, die es sich am allerwenigsten leisten können, falsche Kurse zu steuern oder einige Meter zuviel zu segeln, machen es von jeher so.

Nun könnte man gegen diese Methode einwenden, daß das Ziel voraus nicht immer zu sehen ist. Dann rate ich, die Abdrift bei Gegenan-Kursen mit 10° anzusetzen und wenn die See sehr rauh ist, mit 20°. Bei Raumschotskursen sind 5° zu berücksichtigen.

Merke: Bei Wind von Backbord wird die Abdrift vom Kartenkurs abgezogen.
Bei Wind von Steuerbord wird die Abdrift zum Kartenkurs hinzugezählt.

Ein Beispiel in unserer Übungskarte

Wir befinden uns bei gutem Wetter, Wind ENE Stärke 3 bis 4, ziemlich genau beim Leuchtfeuer Pt. Codolar an der Südostspitze von Formentera und wollen zur Cala Llentrisca an der Südseite von Ibiza. Welchen Kurs werden wir steuern, wenn wir Formentera an Backbord liegen lassen wollen?

1. Überlegung: Um zur Cala Llentrisca zu kommen, müssen wir durch die Durchfahrt zwischen Ibiza und Espalmador. In der Durchfahrt haben wir als Orientierungshilfe das Feuer De'n Pou. Dieses läßt sich gut ansteuern, wenn wir von der Nordspitze der Isla Espardell kommen. Das mag vielleicht ein kleiner Umweg sein, ist aber bei der herrschenden Brise kein größeres Problem. Nautisch wird es also am einfachsten sein, wenn wir Espardell an Backbord lassen.

Wir werden also von Pt. Codolar aus zunächst nach Sicht in sicherem Abstand von ein paar Kabellängen (die Küste ist nach der Karte rein, das Wetter gut) an der Steilküste entlang nach Norden segeln, bis wir die Ostseite von Espardell anliegen können. Ein Blick auf die Karte zeigt: Es geht nach links oben, es wird ein Kurs zwischen 320° und 340° sein.

2. Mißt man den Kurs aus der Karte, so sind es ziemlich genau 330°.

3. Wir haben raumen Wind von Steuerbord; deshalb sollten wir wegen der seitlichen Versetzung durch den Wind (Abdrift) nach Steuerbord vorhalten: zunächst 5°. Da der Wind von Steuerbord einkommt, zählen wir die 5° zu unseren 330° hinzu. Fürs erste werden wir also 335° steuern.

4. Wenn wir Espardell sehen können, dann sollte die Ostseite der Insel nicht genau über dem Bug peilen, sondern wenige Grad an Backbord. Bleibt diese Peilung stehen, während gleichzeitig am Kompaß 335° anliegen, dann haben wir unseren Kurs richtig geschätzt. Wandert sie nach Backbord aus, dann haben wir entweder weniger Abdrift durch Wind oder aber Strom, der uns nach Steuerbord versetzt. Eine nicht unwahrscheinliche Erklärung für das Auswandern ist auch schlechtes Steuern. Bei Backstagsbrise wird der Rudergänger selten genau steuern können. Jedenfalls schadet es nichts, wenn er ein wenig abfällt.

5. Wenn die Yacht Espardell erreicht hat, wäre es sicher falsch, sofort um die Huk herumzusegeln, denn um die Huk herum ist in der Karte ein blauer Fleck, was nicht unbedingt auf eine Untiefe hinweist, wohl aber auf Tiefen von weniger als 6 Meter. Obwohl das Wasser dort klar ist und wir eine Gefahrenstelle mit den Augen (nicht mit dem Echolot!) sehen könnten, wollen wir es nicht darauf ankommen lassen. Wir behalten also in einem Abstand von einer halben bis zu einer Seemeile von der Nordspitze unseren 335°-Kurs für weitere etwa zehn Minuten bei.

6. Bevor wir jetzt aber den Kurs auf De'n Pou zu ändern, sollten wir die Nordspitze von Espardell über den Daumen peilen. Ist sie querab, haben wir Gegenstrom gehabt, und wir sind die letzten zehn Minuten sozusagen auf der Stelle getreten. Wahrscheinlicher aber ist, daß sie schon ziemlich achterlich peilt, und wir können beruhigt den Kurs auf De'n Pou zu steuern.

7. Der Kurs von der Nordspitze von Espardell nach De'n Pou beträgt genau 270°. Nachdem wir aber ein bißchen weiter nördlich stehen, werden es so um die 260° sein. Mit Abdrift haben wir jetzt nicht zu rechnen, so daß wir die 260° steuern können. Da wir schon ziemlich achterlichen Wind haben und fast platt vorm Laken segeln, werden wir nicht stur nach Kompaß steuern, sondern mehr danach, daß Groß und Genua gerade noch stehen. Den Kompaß lassen wir dabei aber nicht aus den Augen. Den Spinnaker verkneifen wir uns, denn damit wären wir in dieser engen Durchfahrt doch recht gehandicapt. Den Feuerträger von De'n Pou können wir zwar nicht eindeutig ausmachen, aber die Tonne Bo. Ahorcados mit den beiden schwarzen Kegeln übereinander, Spitzen nach unten, sehen wir bald im Fernglas. Wenn wir die an Steuerbord lassen, kann nichts passieren, denn südlich davon haben wir nach der Karte ausreichend tiefes Wasser. In der Karte 1 informiert sich der Skipper, was dieses Zeichen bedeutet: Es steht südlich einer Gefahrenstelle.

Tonnen, Baken

Buoys, Beacons IQ

130.3 Kardinale Zeichen (Richtungsbezeichnung) zeigen an, an welcher Seite der Bezugspunkt gefahrlos passiert werden kann.
Cardinal Marks indicating navigable water to the named side of the marks.

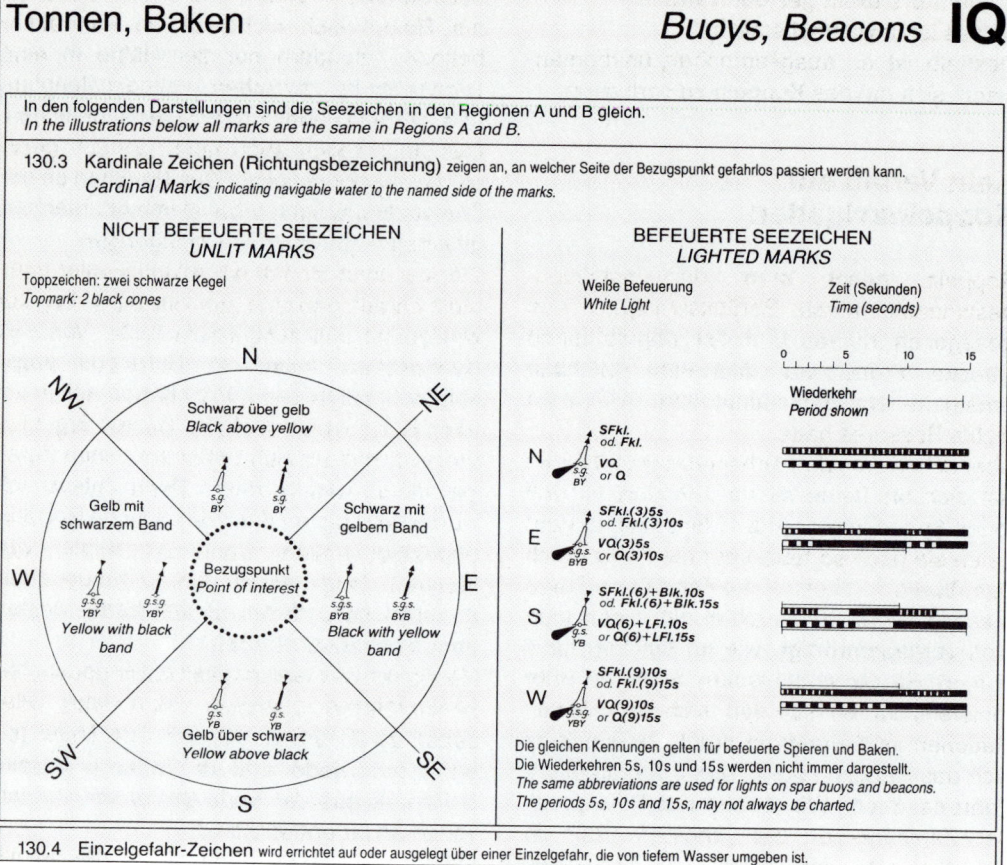

130.4 Einzelgefahr-Zeichen wird errichtet auf oder ausgelegt über einer Einzelgefahr, die von tiefem Wasser umgeben ist.

Betonnung einer allgemeinen Gefahrenstelle (Untiefen, Wracks, Buhnen oder sonstige Schiffahrtshindernisse), wie sie in Karte 1 dargestellt ist.

Mit 6 Knoten geht es durch die Enge. Die Yacht zischt über die dunkelgrüne Unterwasserlandschaft, so klar, daß man meint, der Kiel würde bald aufsetzen. Aber das Echolot zeigt sichere 7 Meter an.

8. Die Cala Llentrisca ist noch nicht auszumachen; deshalb wird der Kurs von der Tonne Bo. Ahorcados dorthin der Karte entnommen: 292°. Also steuern wir mal rund 290°.

Das Log zeigt jetzt nur noch wenig mehr als 5 Knoten an, weil der ENE-Wind schwächer geworden ist. Wenn der Skipper nun die Hände in den Schoß legt, weil die Yacht nach seiner Koppelrechnung (7,8 Seemeilen geteilt durch 5 Knoten) nach 1,56 Stunden vor der Cala Llentrisca stehen müßte, wird er sicher irgendwann einmal sein Schiff auf ein Riff setzen. Nicht bei diesem Törn, denn die gegenüberliegende Küste ist rein, und bei Tageslicht kann man sie auch kaum übersehen.

Daß nämlich die Yacht nach 1,56 Stunden, also nach einer Stunde und 33 Minuten, genau vor der Cala steht, wäre nur dann der Fall, wenn

1. kein Strom gesetzt hat,
2. das Log wirklich genau anzeigt und
3. der Kurs exakt gesteuert wurde.

All das ist unwahrscheinlich.*

Deshalb ist es ausgesprochen unseemännisch, sich auf das Koppeln zu verlassen.

Kein Verlaß auf Koppelnavigation

Koppeln nennt man die Schiffsortbestimmung durch Berücksichtigung des gesegelten Kurses und der abgelaufenen Strecke. Früher war dies eine durchaus ernsthafte Navigationsmethode, weil man nichts Besseres hatte.

Aber schon damals war bekannt – und daran hat sich bis heute nichts geändert –, daß jedes Speedometer, jeder Meilenzähler (und seien sie noch so teuer) nur die Fahrt durch das Wasser, nicht aber die Fahrt über Grund messen kann. Das leuchtet ein, wenn man sich vergegenwärtigt, wie so ein Log funktioniert. Es gibt verschiedene Systeme, aber meistens ist es so, daß sich ein kleines Rädchen im Fahrtstrom dreht. Je schneller sich das Rädchen dreht, desto schneller die Fahrt der Yacht. Wir kennen das Prinzip von der Zapfsäule an der Tankstelle her: Je schneller sich der Impeller im Schauglas bewegt, um so mehr Liter laufen durch.

Ganz wichtig: Es gibt kein Log, das die Fahrt über Grund messen kann. Also kann man die zurückgelegte Strecke auch nicht in die Seekarte eintragen. Deshalb ist aus navigatorischer Sicht das Log ein ziemlich unbrauchbares Instrument, zumal die modernen Logs nicht einmal gut genug sind, die Fahrt durchs Wasser zu messen. Warum wohl? Schließlich zahlen wir an der Tankstelle für einen vollen Tank auch nicht mal 65 DM und am nächsten Tag 78 DM. Soviel, nämlich 20

Prozent, weichen Logs häufig von der Realität ab. Es liegt am Einbau und – vereinfacht ausgedrückt – daran, daß die Meßrädchen am Rumpf sich nicht voll im Fahrtstrom befinden, sondern nur zur Hälfte in eine Grenzschicht zwischen mitgeschlepptem und vorbeifließendem Wasser eintauchen. Das ändert sich auch noch je nach gesegelter Geschwindigkeit. Das Rädchen an der Zapfsäule dagegen arbeitet immer unter den gleichen – genauen – Bedingungen.

Da war doch einmal ein Atlantiksegler ganz stolz darauf, daß sein „erstklassiges" Log zur Navigation voll ausgereicht hatte. Von den Kanarischen Inseln in Barbados angekommen, zeigte das Log 2719 Seemeilen an, nach Karte waren es 2710. Dieses Ergebnis beweist, daß es sich um einen reinen Zufall gehandelt haben muß. Denn tatsächlich würde das Log nur dann das richtige Resultat angezeigt haben, wenn der Segler vier Wochen lang weder einen Steuerfehler gemacht noch Strom gehabt hätte. Beides aber ist ausgeschlossen.

Häufig wird die Genauigkeit auf sogenannten Meilenfahrten überprüft. Man fährt oder segelt zwei Tonnen ab, die eine Meile (es kann auch jede andere Entfernung sein, sofern sie aus der Karte genau bekannt ist) voneinander entfernt sind.

Die Strecke mal 60 durch die Minuten geteilt, ergibt die tatsächliche Geschwindigkeit über Grund und, sofern kein Strom gesetzt hat, durch das Wasser. Entspricht diese Geschwindigkeit der Anzeige auf dem Speedometer, kann man sagen, daß es bei dieser Geschwindigkeit einigermaßen richtig geht. Bei anderen Geschwindigkeiten muß das nicht stimmen.

Nebenbei: Es wird empfohlen, diese sogenannte Meilenfahrt noch einmal in Gegenrichtung zu machen, weil damit der eventuelle Stromeinfluß ausgeschaltet würde. Stimmt das oder wird seit Jahrhunderten hier Blödsinn von Buch zu Buch abgeschrieben und auf Seefahrtsschulen gelehrt? Auflösung im nächsten Kapitel!

---

* Daß bei den genannten Verhältnissen kein Strom gesetzt haben soll, ist kaum anzunehmen. Wind, der in Richtung einer Meerenge bläst, kann auch im Mittelmeer deutlich spürbaren Strom erzeugen. Sicher ist das allerdings nicht.

Jedenfalls wollen wir diese Unart des Koppelns zur Schiffsortbestimmung nicht mehr übernehmen. Vor hundert Jahren hatten die Kapitäne oft nichts Besseres, aber sie koppelten immer mit Sorgen. Nicht wenige, die es sorglos taten, strandeten – darunter der englische Admiral Sir Cloudesley Shovell, der 1707 die englische Flotte auf die Scillyinseln setzte, wobei auch er den Tod fand.

Bei Nacht und schlechtem Wetter warteten viele vom Atlantik kommende Kapitäne vor der 95 Seemeilen breiten Einfahrt zum Ärmelkanal bis zum Tagesanbruch, denn der mögliche Navigationsfehler nach zwei, drei Wochen Koppeln war, wie sie wußten, groß genug, Frankreich oder die Scillys zu rammen. Und die Grundproben dort an der Lotspeise (Talg unten im Lotblei) sind nicht unterschiedlich genug, wie viele Grundexperten mit Schiffbruch quittieren mußten.

Heute gibt es genügend andere Methoden, manchmal freilich auch zeitlich etwas aufwendige, um seinen Schiffsort genau zu ermitteln. Warum wird dann überhaupt noch gekoppelt?

Weil es der Skipper so gelernt hat, weil es so einfach ist und weil – auf offener See – der Strich in der Karte halt so überzeugend ist. Aber mit seriöser Navigation hat dies nichts zu tun. Koppeln taugt höchstens, um die erhaltenen Schiffsorte ganz grob zu überprüfen, nach dem Motto: „Können wir tatsächlich schon so weit sein?"

Ungefähr 90 Prozent aller Strandungen von Yachten in den letzten fünfzig Jahren sind auf die Schiffsortbestimmung mittels Koppeln zurückzuführen.

Zu einem aber taugt die Koppelei hervorragend: zum Identifizieren von Landmarken. Wenn ich mehrere Inseln vor mir sehe, dann kann unter Umständen die Schätzung meines ungefähren Schiffsortes mit Hilfe der abgelaufenen Strecke und des versegelten Kurses zur einwandfreien Klarstellung führen, um welche Insel es sich handelt. Kann, muß aber nicht sein!

6

Um die Schiffsortbestimmung dreht sich alles

Bei der Kunst der Navigation geht es nur um das sichere Ankommen. Wir müssen dazu den zu steuernden Kurs wissen. Das ist alles. Den Kurs bekommen wir aus der Karte. Doch damit sind wir beim einzigen wirklichen Problem in der gesamten Navigation. Wir müssen, um den Kurs aus der Karte messen zu können, zuerst wissen, wo wir sind. Schließlich wollen wir unser Kursdreieck — oder was immer wir zum Kursbestimmen benutzen — im Zielort und im Schiffsort anlegen.

Deshalb dreht sich so ziemlich alles in der Navigation um die Schiffsortbestimmung. Die Unsicherheit beim Koppeln ist, wie wir bereits wissen, die Fahrt durchs Wasser. Die abgelaufene Strecke über Grund, und nur die ist interessant, weil wir damit in die Karte gehen können, kennen wir nämlich nicht. Ja, ich gehe da noch einen Schritt weiter: Wir bekommen vom Speedometer oder vom Meilenzähler nicht einmal genau (zehn Prozent Fehler sind keine Seltenheit!) die Fahrt oder die Strecke durch das Wasser, geschweige denn über Grund.

Mancher Besitzer eines teuren Logs wird protestieren und darauf verweisen, daß er sein Log — wie in fast allen Büchern empfohlen — mit Hilfe einer Meilenfahrt überprüft hat. Und damit wurde auch mit Sicherheit der Stromeinfluß eliminiert, weil die Fahrt in beiden Richtungen durchgeführt wurde. So die landläufige Meinung.

Doch die ist falsch! Dadurch wird der Strom nämlich nicht eliminiert. Die Yacht war vielmehr viel länger dem Gegenstrom ausgesetzt, den Vorteil des Schiebestroms hatte sie in der Gegenrichtung sehr viel kürzere Zeit. Ein Extrembeispiel zeigt die Sinnlosigkeit dieser Meilenfahrten in beiden Richtungen: Wenn die Yacht sechs Knoten läuft und bei der ersten Meilenfahrt einen Schiebestrom von sechs Knoten hat, wird sie mit doppelter Geschwindigkeit auf die Tonne zurauschen. Zurück kommt sie allerdings nie mehr.

Der wichtigste Fachausdruck — den müssen wir uns merken — zur Schiffsortbestimmung in der Navigation ist *Standlinie*; das ist die Linie, auf der unser Schiff momentan steht. Englisch heißt sie *line of position*, kurz LOP. Auch diese mathematisch zwingende Tatsache muß der Navigator kennen:

Ein Schiffsort ergibt sich immer aus dem Schnittpunkt von (mindestens) zwei Standlinien.

Immer! Daran haben auch Computer nichts geändert. Wenn also gelegentlich eine Navigationsmethode propagiert wird – in der Astronavigation kommt das vor –, nach der mit einer Messung ein Schiffsort festgestellt wird, dann ist da etwas faul, denn *eine* Messung kann nur *eine* Standlinie ergeben. Wenn der Navigator zwei Standlinien hat, die sich schneiden (was – ganz selten – nur bei genau parallelen Standlinien nicht der Fall ist), dann hat er auch einen Schiffsort. Und wenn er damit seine Position kennt, dann kann er der Karte auch den Kurs entnehmen, der ihn sicher in den Hafen bringt. Das ist der einzige Sinn der Navigation.

Was ist eine Standlinie?

Eine Standlinie ist eine Linie, auf der sich die Yacht – irgendwo – befindet. Es muß nicht unbedingt eine Gerade sein. Wenn der Skipper auf einem guten Echolot zum Beispiel 99 Meter abliest, ist das Wasser dort zirka 100 Meter tief, weil der Geber für das Echolot wahrscheinlich etwa einen Meter unterhalb der Wasserlinie montiert ist. Die Yacht befindet sich also irgendwo auf der 100-Meter-Linie.

Die meisten Standlinien aber sind gleichmäßige Linien, also:
● Gerade (Deckpeilungen, Kompaßpeilungen)
● Kreise (Abstandsmessungen, astronomische Standlinien)
● Hyperbeln (Decca- oder Omega-Standlinien)

Eine gerade Standlinie erhält man beispielsweise, wenn zwei Landobjekte genau hintereinander stehen. Man benötigt dazu lediglich ein Navigationsinstrument, das nichts kostet, das wir alle besitzen und das sich zwischen unseren Ohren befindet. Für diese hochgenaue Standlinie brauchen wir tatsächlich nichts anderes als unsere Augen. Wann immer zwei Landmarken (Huks, Berge, Leuchtfeuer, Tonnen und so weiter) zufällig in Deckung, von der Yacht aus gesehen also hintereinander sind, bekommen wir eine

Standlinie, sogar eine sehr genaue. Wie? Wir zeichnen durch beide Objekte in der Seekarte einen Strich – schon ist eine Standlinie für unser Boot fertig. Sie enthält keine Kompaßfehler, und Rechnereien sind auch nicht nötig. Es ist die schlechthin ideale Standlinie.

Wie kommt man zu einem fertigen Schiffsort?

Eine Standlinie allein hilft nur in extremen Ausnahmesituationen weiter. Wenn wir aber zwei Standlinien haben, ergeben diese immer einen Schnittpunkt – es sei denn, sie verlaufen zufällig genau parallel. Der Schnittpunkt ist unser Schiffsort.

Nehmen wir einmal folgenden Fall an: Eine Yachtcrew möchte in einer großen, einsamen Bucht wieder auf jenem idealen Platz ankern, den sie bei einem früheren Besuch nach mühsamem Ausloten gefunden und auf dem sie so sicher wie in Abrahams Schoß einen Sturm abgewettert hatte. Wie ermittelt die Crew nun wohl die exakte Position dieses Ankerplatzes?

Der 14jährige Sohn des Skippers geht nach unten, blickt auf die Karte und schätzt den Schiffsort ungefähr in der Mitte der Bucht. Er zeichnet einen kleinen Kreis in die Karte und ermittelt mit dem Zirkel die Koordinaten auf Zehntelminuten genau.

Der Skipper und Navigator mißt mit dem Echolot die Tiefe und peilt mit dem Peilkompaß die beiden Huks an der linken und rechten Seite der Buchteinfahrt. Die zwei Peilungen zeichnet er in die Karte ein und stellt aus dem Schnittpunkt der beiden Peilungen den Schiffsort fest. Zur Kontrolle vergleicht er den Ort in der Karte mit dem Echolot: 8 Meter zeigt es an, und befriedigt sieht der Navigator in der Karte neben dem kleinen Bleistiftkreis ebenfalls eine Ziffer 8.

Die Bordfrau ist sich im klaren darüber, daß Navigation reine Männersache ist, von der sie sowieso nichts versteht. Aber sie hat da eine Idee: Sie holt sich die Polaroidkamera,

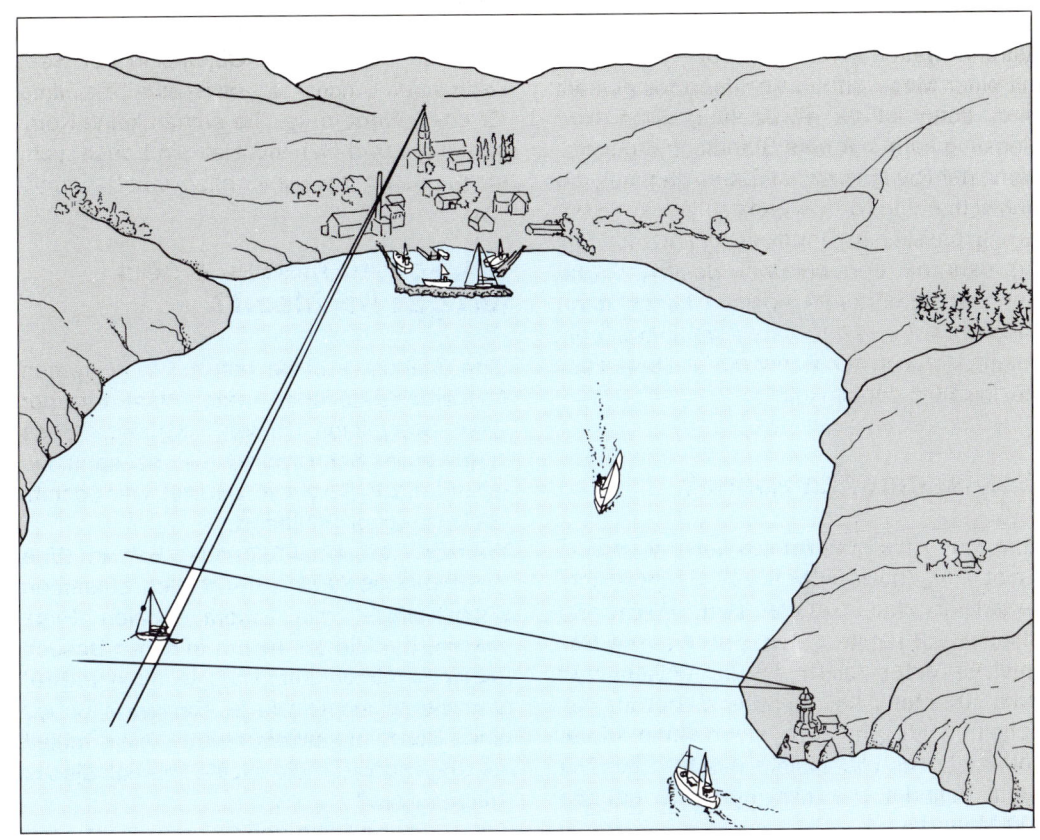

mit der sonst die Aufnahmen für das Tagebuch angefertigt werden, und macht zwei Fotos von der Landschaft. Eines über den Bug, das andere nach Steuerbord.

Wer ist jetzt wohl dem genauen Ankerplatz am nächsten gekommen?

Der Junior hat den Schiffsort nur geschätzt. Schätzungen sind normalerweise Verschätzungen. Als Navigationsmethode sind sie ungeeignet. Besonders Entfernungen in einer Landschaft können nicht geschätzt werden, weil der Beobachter mangels absoluter Anhaltspunkte nicht sagen kann, wie hoch eine Huk, wie breit eine Bucht ist. Und die Form einer Bucht kann das Auge erst recht nicht wahrnehmen. Es fehlt der Überblick, also der Blick von oben, wie aus einem Satelliten. Schätzungen haben in der Navigation nichts zu suchen. Der Schiffsort des Juniors ist unbrauchbar.

Der große Unterschied: Bei einer Deckpeilung – hier sind es der Schornstein und der Kirchturm – ist ein Peilfehler praktisch nicht vorhanden. Doch Vorsicht beim Arbeiten mit dem Kompaß – Ablenkung und Schiffsbewegungen können das Ergebnis verfälschen.

Der Skipper hat, was man ja auch erwarten durfte, besser gearbeitet. Aber sein Schiffsort ist mit Ungenauigkeiten behaftet. Er enthält alle Fehler des Peilkompasses, vielleicht sogar eine starke Ablenkung, weil das Metallgestell des Brillenträgers so nahe am Kompaß war. Im übrigen sind die Peilobjekte an der Einfahrt zur Bucht ziemlich weit entfernt, so daß zusätzliche Ungenauigkeiten dazukommen. Daß die Wassertiefe in der Karte mit der Echolotanzeige einigermaßen übereinstimmt, ist reiner Zufall. Denn die Bucht ist gleichmäßig flach. So wundert es nicht, daß sich in der Karte eine ganze Reihe von 8-Meter-Tiefenangaben finden. Jedenfalls ist diese Position nicht genau genug, um eben jene Sandbank wiederzufinden, die den Anker so gut gehalten hatte.

Die Bordfrau hat den Schiffsort mit der Kamera am genauesten festgehalten. Denn auf den Bildern sind eine ganze Reihe von Deckpeilungen zu sehen. Zwei Bäume hintereinander vielleicht, der Steg am Ufer und der Hügel dahinter, und was sonst noch so in einer optischen Linie liegt.

Damit läßt sich der Ankerplatz metergenau wieder auffinden. Die Yacht liegt auf mindestens zwei Standlinien, und zwar frei von Kompaß- und Peilfehlern. Wie aber wird sie den Platz wieder aufsuchen?

Anhand der Fotos und des Vergleichs mit der Landschaft wird irgendeine Deckpeilung, zum Beispiel die Linie Baum A und Baum B, herausgesucht und auf dieser Linie so weit langsam motort, bis die beiden anderen Objekte, also der Steg und der Hügel, in Deckung sind. Nur dann, nur in diesem Punkt, befindet sich die Yacht im Schnittpunkt beider Deckpeilungen, im Schnittpunkt beider Standlinien*.

Auf See können wir eine ähnliche Technik anwenden, vorausgesetzt, die Peilobjekte sind in der Karte zu finden. Das aber wird selten der Fall sein. Gleichwohl: Der Deckpeilung, mit der wir zu der schlechthin perfekten Standlinie kommen, sollten wir uns immer dann bedienen, wenn sichtbare Objekte in Deckung – und natürlich in der Karte verzeichnet – sind. Auch die See-

räuber vergangener Jahrhunderte bedienten sich dieser Methode, um die Lage ihrer Schätze auf den Schatzkarten zu beschreiben.

In Sonderfällen, wenn beispielsweise von einem unsicheren Schiffsort aus unbedingt die Hafeneinfahrt angesteuert werden soll, kann es notwendig werden, seinen Kurs zu verlassen, um mit Hilfe von Deckpeilungen einen sicheren Schiffsort zu bekommen. Man wird dabei ähnlich vorgehen wie die eben erwähnte Yacht, die den Ankerplatz wiederfinden wollte. Man segelt also auf einer aus einer Deckpeilung gewonnenen Standlinie entlang (zu den Peilobjekten hin oder von ihnen weg), und zwar so lange, bis das zweite Peilobjekt-Paar in Deckung ist. Der Schiffsort stimmt wahrscheinlich so genau, wie die Seekarte ist.

Das Prinzip der Deckpeilung ist in der Seekarte bei Hafeneinfahrten häufig schon vorgegeben: Durch das Fahrwasser zur Einfahrt führen vielfach zwei Richtfeuer an Land, die in Deckung gebracht werden. Auf diese Weise wird die Schiffahrt sicher in den Hafen geleitet.

Standortbestimmung so oft und präzise wie möglich

Wenn man seinen Schiffsort ermittelt, wann immer sich eine Möglichkeit dazu bietet, dann kann im Normalfall über den tatsächlichen Ort nie Unklarheit aufkommen.

Falsch wäre es, irgendwelche Standlinien kritiklos zu einem Schiffsort zu verarbeiten. Der Navigator muß sich stets darüber im klaren sein, wie genau oder ungenau sein Schiffsort ist. Hundertprozentig genaue Schiffsorte sind in der Bordpraxis nicht die Regel. Die Position sollte aber möglichst genau sein.

Dazu muß allerdings bekannt sein, wie exakt die Standlinien sind. Denn ein Schiffsort kann nie genauer sein, als es die beiden Standlinien selber sind. Wenn beispiels-

---

* Eine Leserin des Vorabdrucks eines Teiles dieses Buches in einer Segelsportzeitschrift hat mir ob dieser Story vorgeworfen, ich würde ca. 50 Prozent der Menschheit, nämlich alle Frauen, verunglimpfen, wenn ich schriebe, Navigation sei reine Männersache. Dabei habe ich dieses Beispiel nur gebracht, um zu zeigen, daß in der Navigation mehr denn Fachwissen häufig gesunder Menschenverstand gefragt ist, so, wie ihn die Bordfrau zeigte. Ein Kompliment, das ich dieser Leserin nicht machen kann!

weise die Kompaßpeilung von einem 30 See-meilen entfernten Berggipfel wegen dieser großen Entfernung nur auf rund fünf Meilen genau sein kann, dann bringt selbst eine Deckpeilung als zweite Standlinie keinen Präzisionsgewinn. Wie beim schwächsten Glied der Kette, so bestimmt auch die schlechtere der beiden Standlinien die Genauigkeit.

Der Navigator ist sich ohnehin bewußt, daß ein Schiffsort fünf Meilen von einem Riff entfernt erheblich genauer sein muß als beispielsweise der Schiffsort auf halbem Weg bei einer Atlantiküberquerung.

Die Bedeutung des Schnittwinkels

Jede Standlinie kann mit jeder anderen Standlinie kombiniert werden. Es gibt folglich keine Standlinien, die sich nicht vertragen. Allerdings spielt neben der Genauigkeit der

Standlinie selbst der Schnittwinkel der beiden Standlinien eine große Rolle.

Nehmen wir an, wir benutzen zur Schiffsort-bestimmung zwei Kompaßpeilungen von verschiedenen Objekten. Wegen der Entfernung der Peilobjekte können beide Peilungen bis zwei Seemeilen ungenau sein, was beim Küstensegeln schon mal vorkommen kann. Man wird die beiden Pei-

Das nenne ich einen Kunstfehler. Hier hat der Skipper die Feuer A und B zur Kreuzpeilung verwendet. Die Flächen, die sich aus dem Schnitt der beiden Standstreifen ergeben, machen es deutlich: Bei einer in der Praxis durchaus möglichen Peilungenauigkeit von 10° ist die Fehlermöglichkeit doppelt so groß, als wenn er die Feuer A und C verwendet hätte. Auch das Feuer D wäre noch besser gewesen. In der Praxis wird man keine Standstreifen zeichnen, sondern nur Standlinien. Es ist aber gut, sich immer wieder zu vergegenwärtigen, daß es sich um Ungenauigkeitsstreifen handelt, selbst wenn in der Karte nur dünne Bleistiftstriche sind.

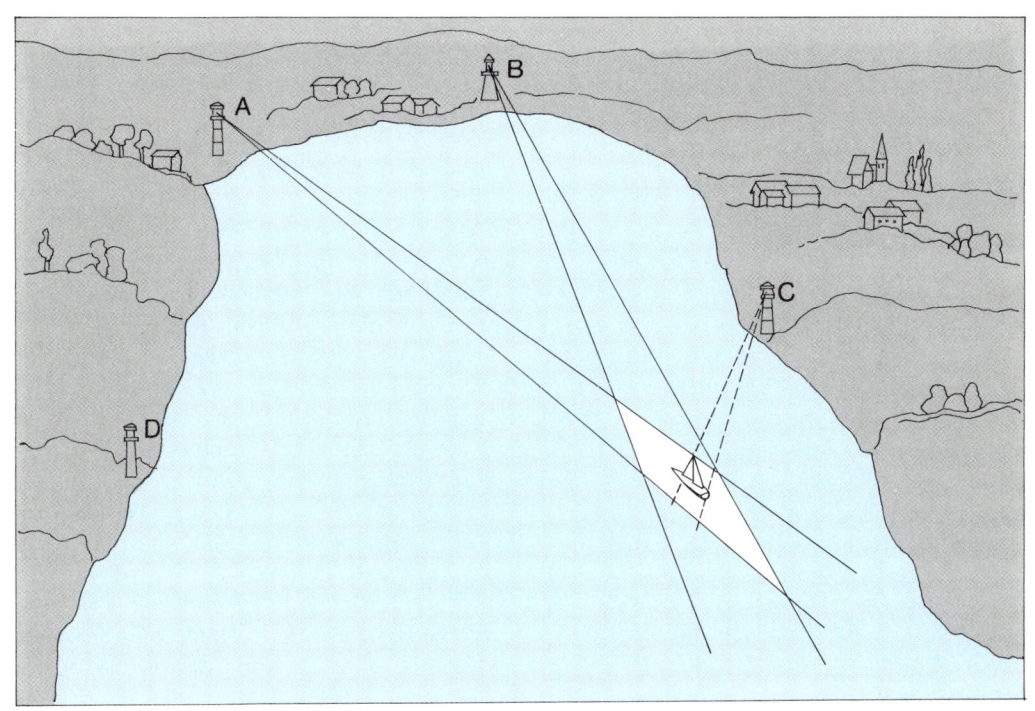

lungen nur als Bleistiftstriche durch die beiden Peilobjekte in die Karte einzeichnen. Tatsächlich aber sind es „Standstreifen", denn die Yacht muß wegen der Ungenauigkeit nicht unbedingt exakt auf dem Strich sein.

Wenn sich nun die beiden Standstreifen zufällig genau – was ideal wäre – im rechten Winkel schneiden, so ist die Genauigkeit des Schiffsortes immer noch einigermaßen zufriedenstellend. Wenn aber die Standlinien, in Wirklichkeit also die Standstreifen, sich in einem sehr kleinen Winkel schneiden, so ist das Feld, in dem sich der Schiffsort befinden kann, schon unangemessen groß. Dieser Schiffsort ist dann nicht verwertbar.

Welcher Schnittwinkel zweier Standlinien gerade noch hingenommen werden kann, läßt sich nicht sagen. Generell gewährleistet ein Winkel von über 30° gute Genauigkeit (wenn die Standlinien selbst genau sind), doch sind Ausnahmefälle denkbar, zum Beispiel ein Schiffsort aus zwei Deckpeilungen – was in der Praxis selten vorkommt –, bei denen ein erheblich kleinerer Schnittwinkel ausreichende Genauigkeit verspricht. Also: Nie einen Schiffsort „blind" verwerten, sondern immer überlegen, wie er zustande gekommen ist.

Viele Standlinien stiften Unruhe

Es ist selbstverständlich, daß der Navigator möglichst viele Informationen verarbeitet. Es kommt somit in der Praxis häufig vor, daß er aus zusätzlichen Peilungen weitere Standlinien erhält. Statt den Navigator sicherer zu machen, stiften viele Standlinien zuweilen Unruhe, denn es ist sehr wahrscheinlich, daß eine weitere Standlinie nicht durch den Schnittpunkt der beiden ersten verläuft. Das ist natürlich, denn nahezu alle Standlinien sind mit Ungenauigkeiten behaftet. Alles andere wäre Zufall.

In der Praxis werden drei Standlinien eben keinen einzigen Schnittpunkt, sondern ein mehr oder weniger großes Dreieck ergeben. Jetzt keinen Denkfehler machen: Der tatsächliche Schiffsort muß nicht in diesem Dreieck liegen. Allerdings weist ein großes Dreieck auf die Ungenauigkeit mindestens einer Standlinie hin, während ein kleines Dreieck auf gute Qualität des Schiffsortes deutet. Mehr nicht!

Heißt das, ein Schiffsort besteht immer aus dem Schnittpunkt von zwei Standlinien? Gibt es nicht moderne Geräte, Decca, Loran-C oder GPS beispielsweise, die auf ihrer Anzeige fortlaufend den Schiffsort nach Breite und Länge anzeigen?

Auch sie arbeiten nach dem gleichen Prinzip. Sie peilen mindestens zwei Senderketten an Land an (oder der Satnav zweimal einen Satelliten oder GPS mehrere Satelliten) und bringen die Standlinien zum Schnittpunkt. Der Skipper braucht sich mit den einzelnen Standlinien nicht mehr herumzuschlagen. Die Mikroprozessoren übernehmen diese Arbeit.

Obige Überlegungen habe ich nicht angestellt, um den Navigationslehrling zu verunsichern, sondern um darauf hinzuweisen, daß in der Navigation manchmal mit gewissen Unzulänglichkeiten gerechnet werden muß.

Aufs Riff sind solche Yachten gegangen, auf denen zu selbstsichere Navigatoren den Ton angaben, nicht jene, die von einem unsicheren, dafür aber vorsichtigen Mann am Kartentisch navigiert wurden.

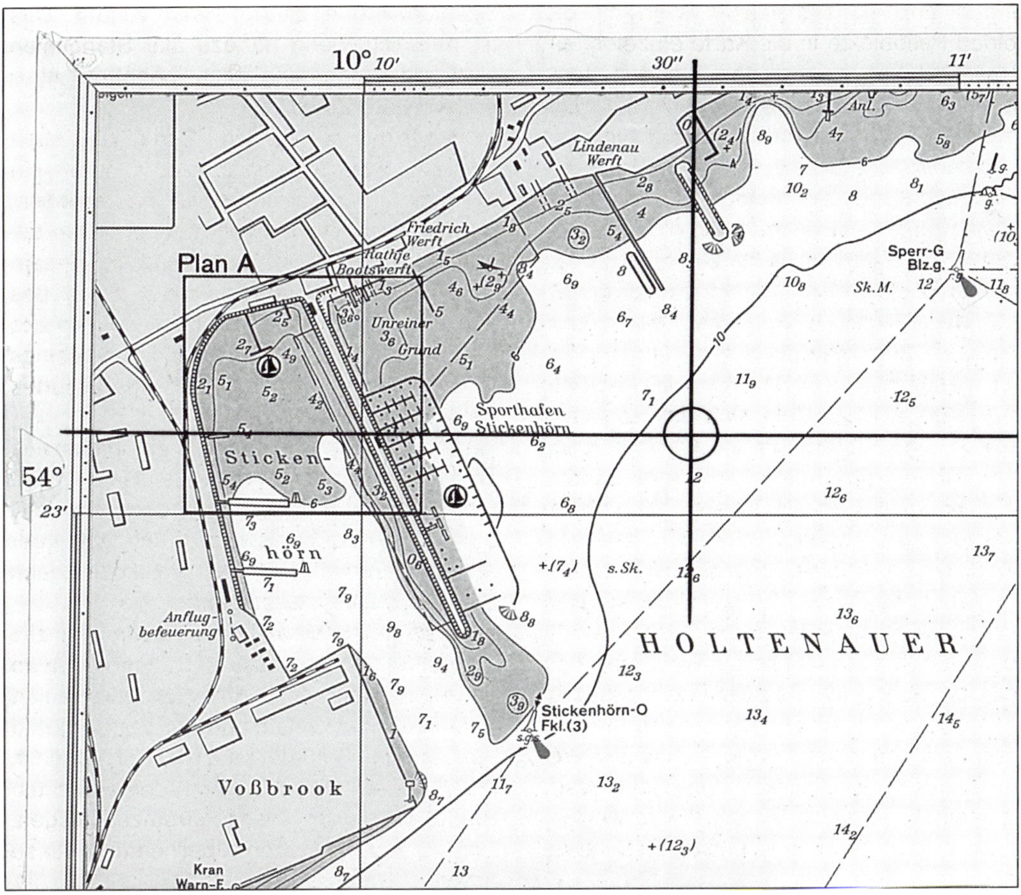

Schiffsort nach den Angaben eines AP-Navigators. Dieses nach dem Decca-System arbeitende Gerät bietet eine recht genaue Positionsbestimmung, dennoch sollte der Skipper auch andere Möglichkeiten der Standortbestimmung nutzen, zum Beispiel Peilungen.

7

Das Fix

Es ist zum Verzweifeln! Da versucht man, die Navigation von jeder Geheimniskrämerei zu befreien, für die Praxis aufzubereiten, zu vereinfachen, und dann dieses: Als die vorangegangenen Kapitel in einem Vorabdruck in einer Segelsportzeitschrift erschienen waren, meinte ein Segelfreund, das sei ja alles ganz nett, aber die Kursverwandlungen hätte man schon mit reinnehmen müssen, schließlich betrage die Mißweisung ja in anderen Gewässern mehr als nur ein paar Grad. Wie oft er schon in solchen Gewässern gesegelt sei, begehrte ich zu wissen. „Noch nie, aber es könnte ja mal sein."

Gut — so meine Ansicht —, dafür reicht es zu wissen, daß man sich dann, aber auch wirklich erst dann, um die Mißweisung kümmern muß. Karl Vettermann, legendärer Navigator auf der berühmten österreichischen Yacht „Hippodackl", gibt in einem seiner köstlichen (wie schön Segeln wirklich ist, fühlt man am besten, wenn man darüber herzhaft lachen muß) Bücher, „Barawitzka und der Taiwan-Klipper", seiner Mitseglerin Eva treffend Navigationsunterricht:

„Und wie ist es mit Mißweisung, Deviation, Beschickung für Wind und Strom? Wir haben vorher nur den Kompaßkurs eingetippt. Beim B-Schein-Kurs aber haben wir bis zum Erbrechen Kursverwandlung üben müssen."

„Das ist der Unterschied zwischen Theorie und Praxis, Prinzessin. Die Mißweisung kannst du aus der Windrose in der Karte ablesen. Die beträgt hier ein halbes Grad. Vergiß es, so genau kann ohnehin keiner steuern. Deviationstabelle gibt es keine, dazu war leider in Keelung keine Zeit, obwohl du davon ausgehen kannst, daß ein unkompensierter Kompaß von der gigantischen Maschinerie da unten", ich tippte mit dem Fuß auf den Boden des Deckshauses, „stark abgelenkt wird. Aber wie schon die alten Chinesen sagen: ‚No listee, no correctee.‘ Beschickung für Wind? Ganz sicher haben wir Abdrift nach Lee, denk dir eine Zahl zwischen vier und acht Grad, und du wirst nicht weit daneben liegen. Strom? Der ist garantiert vorhanden, hier in der Formosastraße. Aber wie schon der berühmte kantonesische Prinz Ham-Ling sinnierte: ‚Süd odel Nold, das ist hiel die Flage . . .‘"

Aber im Ernst: Wenn der Navigator weiß, wo er ist, dann weiß er auch, wo's langgeht. Eine Binsenweisheit! Jedoch sehen manche Navigatoren das anders. Sie spielen am Computer herum, wenn sie den Schiffsort fixieren sollen, und überraschen die Mannschaft mit immer neuen Prophezeiungen, wann dieses oder jenes Feuer auftauchen wird, wann die Yacht in der Hafeneinfahrt steht und vieles mehr. Nicht, daß ich was dagegen habe, wenn sich der Navigator ob seiner Weisheit von der Mannschaft bewundern läßt, nein, das gehört zur Autorität. Aber in erster Linie hat er zu wissen, wo das Schiff steht. Immer! Über die elementaren Dinge wie Kurs aus der Karte lesen, ihn einzeichnen, Entfernungen feststellen und so weiter sind wir jetzt schon hinaus. Nun geht es um die Schiffsortbestimmung. Wenn man nicht gerade auf hoher See außerhalb Landsicht herumschippert (wo es der Navigator meist einfacher als in Küstennähe hat), ist es wichtig, ständig genaue Vorstellungen über den Schiffsort zu haben. Ein Navigator, der seinen Job ernst nimmt, navigiert immer – zumindest geistig – mit. Das heißt aber nicht, daß er wie das Decca-Gerät fortlaufend neue Schiffsorte ausspuckt, sondern daß er überwacht, ob der Kurs, den er dem Rudergänger vorgegeben hat, auch wirklich gesteuert wird.

Unklug wäre es nun, sich neben den Rudergänger zu stellen und ihn dadurch nervös zu machen, daß man ihm dauernd über die Schulter sieht, um ihn bei der geringsten Abweichung anzufauchen. Das könnte der Navigator vielleicht auf einer Motoryacht machen, aber da steuert ja sowieso der Automat, der allen menschlichen Rudergängern überlegen ist. Ein Segelschiff ist ein lebendiges Wesen, dem man sein Eigenleben schon einigermaßen lassen muß. Ein wirklich guter Navigator wird sich dem Schiff unterordnen und ihm nicht einen Kurs aufzwingen, nur weil er nun mal in der Seekarte einen solchen Bleistiftstrich gezogen hat. In der Bordpraxis wird also dem Rudergänger zwar ein Kurs vorgegeben, aber der gesteuerte Kurs nicht zur Navigationsgrundlage gemacht. Der gesteuerte Kurs wird nicht etwa in die Karte als Standlinie eingezeichnet, so als ob es ein Naturgesetz wäre, daß eine Yacht nur in der ihr angegebenen Richtung fahren kann. Alle Fehler, die der Rudergänger aus Müdigkeit macht, aus Unaufmerksamkeit, wegen des Ruder-

drucks oder weil er schräg hinter dem Kompaß sitzt, würden voll in eine solche Standlinie eingehen. Dazu kommen Strom und Abdrift, die die Yacht nach Backbord oder Steuerbord versetzen können. Theoretisch sind im Steuerkurs noch weitere Fehler enthalten, beispielsweise die Ablenkung (Deviation) durch metallene Gegenstände am Schiff. Das sollte als Abschreckung gegen die Verwendung eines gesteuerten Kurses wohl ausreichen. Nochmals: Koppelnavigation, so nennt man – wie wir bereits wissen – die Verwertung von Fahrt und gesteuerten Kurs zur Schiffsortbestimmung, ist heutzutage Spielerei, nutzlose Beschäftigungstherapie für BR-Schein-Aspiranten.

Das tägliche Brot in der Küstennavigation: die Kreuzpeilung

Schiffsorte will der Skipper sehen, nicht Schätzungen! Also brauchen wir zwei Standlinien. Ihr Schnittpunkt ist der Punkt, den wir suchen. Die einfachsten, genauesten und

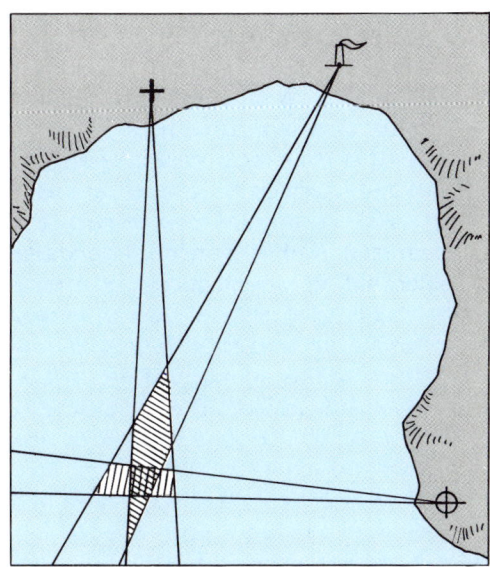

Wenn Deckpeilungen nicht zur Verfügung stehen, tut's auch eine Kreuzpeilung. Das Ergebnis wird am genauesten, wenn zwischen den Peilobjekten annähernd ein rechter Winkel liegt.

Da der Kompaß offensichtlich zu tief liegt und keine Peileinrichtung – wie meistens bei Kugelkompassen – vorhanden ist, wurde über ihm eine Peilscheibe montiert. Gut zur Ermittlung der Fehlweisung, aber für gewöhnliche Schiffsseitenpeilungen von Landmarken zur Navigation (Kreuzpeilung) ist ein Peilkompaß schneller und handlicher (auf Stahlschiffen ist er jedoch tabu).

preiswertesten Standlinien stammen aus Deckpeilungen, wenn sich also zwei Landobjekte in einer Linie befinden. Leider gibt es die selten, wenn wir sie benötigen.

Gleichgültig, ob es sich um eine Anfängercrew handelt oder ob der Mann am Kartentisch schon über alle Sieben Meere navigiert hat, die Standardnavigation in

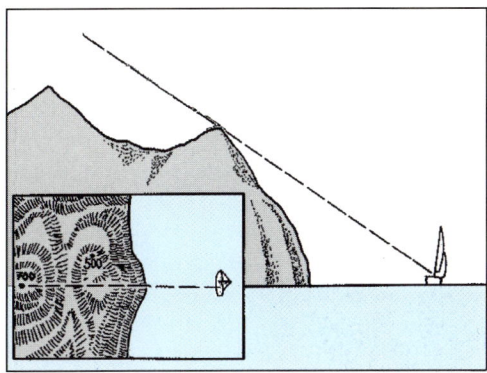

Vorsicht beim Peilen von Berggipfeln: Der höchste, der gemeint ist, kann durch einen niedrigeren verdeckt sein.

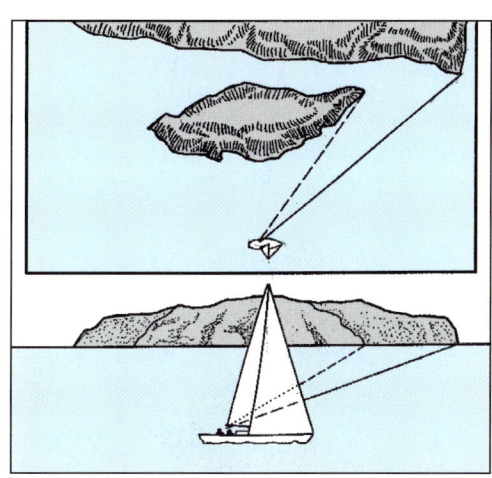

Gute Sicht ist manchmal schädlich: Der Navigator will die Huk der näher gelegenen Insel peilen, ermittelt in Wirklichkeit aber die Richtung zur Huk der dahinter liegenden Insel.

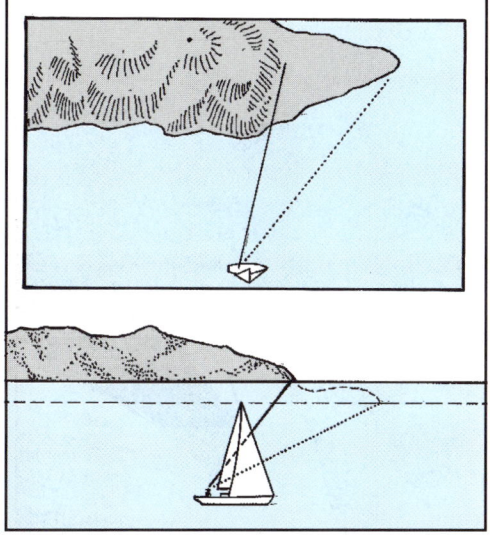

Weit entfernte Objekte können falsche Ergebnisse bringen: Der Navigator peilt nicht die Landzunge, die sich hinter dem Horizont befindet, sondern einen Punkt weit landeinwärts.

Küstennähe ist und bleibt wegen ihrer Einfachheit und Zuverlässigkeit die Kreuzpeilung. Deshalb werden wir uns mit dem „täglichen Brot" des Küstenskippers ein wenig ausführlicher beschäftigen.

Solange wir uns in Landsicht befinden, wird es die Möglichkeit geben, beliebige Landmarken mit dem Kompaß zu peilen. Weder Strom noch Abdrift, noch Steuerfehler gehen in diese Standlinien ein. Wenn ich von „beliebigen" Standlinien spreche, so stimmt das insofern, als sich alles an Land zum Peilen eignet, also Kirchen, Leuchtfeuer, Bergspitzen, Baumgruppen oder Huks. Aber nur unter einer Bedingung: In der Karte muß diese Landmarke eindeutig zu identifizieren sein. Bei Leuchttürmen, deren Aussehen im Leuchtfeuerverzeichnis beschrieben ist, und bei Kirchen, die im Seehandbuch abgebildet sind, wird es keine Schwierigkeiten geben, bei Berggipfeln oder bei Huks schon eher.

„Habe ich auch das richtige Objekt gepeilt, oder kann ich ein falsches erwischt haben?" Hat man die Auswahl zwischen mehr als zwei Objekten, dann sollte man immer die am nächsten gelegene Landmarke bevorzugen, denn die Genauigkeit ist beim näheren Objekt besser.

Peilung
„mit dem ganzen Schiff" ...

Womit peilen wir? Antwort: Mit dem Peilkompaß, wenn wir nicht auf einem Stahlschiff sind. Für die wenigen Stahlschiffskipper sei es noch einmal wiederholt: Auf jedem Stahlschiff ist die Ablenkung des Kompasses durch Eisenteile so stark, daß diese Einflüsse mittels Kompensation mit Magneten durch den Fachmann weitgehend ausgeschlossen und die Restablenkung in einer Steuertafel enthalten sein muß. Da diese Kompensation nur für einen bestimmten Kompaßstandort auf Zentimeter genau durchgeführt werden kann, ist es nicht möglich, mit dem Peilkompaß durch die Gegend zu laufen und dann ablenkungsfreie Standlinien zu erwarten. Auf einem Eisenschiff wird mit dem ganzen Schiff, also mit dem kompensierten Steuerkompaß, gepeilt, indem ich kurz auf die Landmarke zuhalte. Wenn sich der Kompaß von der Kursänderung erholt hat, zeigt er den Kurs auf die Landmarke zu an. Dann habe ich die Peilung, eben den momentanen Kurs, und kann wieder auf meinen alten Kurs zurückgehen.

... und mit dem Peilkompaß

Auf Holz- und Kunststoffschiffen kann die Ablenkung dann vernachlässigt werden, wenn der Peilkompaß mindestens einen Meter von eventuellen Störern (Lautsprecher, Radio, Steuerkompaß, Ankergeschirr usw.) entfernt ist. Das wird zum Beispiel der Fall sein, wenn der Navigator vom Niedergang oder vom Deck aus peilt.
Erfahrungsgemäß kann man mit einiger Übung auch auf dem Seitendeck – mit der Hand an den Wanten – ganz gut arbeiten. Fast immer sind nämlich die Nirowanten keine magnetischen Störer. Vorsichtshalber sollten wir das im Hafen aber mal untersuchen. Das geht ganz einfach: Man nähert sich mit dem Kompaß der verdächtigen

Stelle und führt ihn daran vorbei. Bewegt sich die Rose oder beginnt sie gar, sich zu drehen, hat man einen Störer erwischt. Konsequenz: Dort darf nicht gepeilt werden!
Keine Angst, der Kompaß kann bei diesem Test nicht beschädigt werden. Wem diese Methode zu ungenau ist und wer darauf verweist, daß Störungen oft so gering sind, daß die Rose nicht sichtbar ausgelenkt wird, der möge sich beruhigen: Wenn in einer Entfernung von wenigen Zentimetern vom verdächtigen Metall kein Ausschlag zu sehen ist, dann ist die Störung so gering, daß in einer Entfernung von Dezimetern ihr Einfluß vernachlässigt werden kann.
Eine wirkliche Gefahr gibt es für Brillenträger! Die Metallfassungen sind gelegentlich ein Problem: wegen des Materials, das in engen Kontakt mit dem Peilkompaß kommt, da wir ihn ja unmittelbar ans Auge halten. Diese mögliche Störquelle müssen wir an einer ruhigen Stelle untersuchen, also nicht gerade auf einer schwojenden Yacht am Ankerplatz. Legen Sie den Peilkompaß zu Hause auf den Tisch, und führen Sie die Brille in wenigen Millimetern Abstand um die Rose herum. Bewegt sie sich, müssen wir uns etwas anderes einfallen lassen, nämlich die Brille zum Peilen zumindest auszutauschen oder wegzulassen. Falsch wäre es, den Kompaß umzutauschen. Ein guter Kompaß soll ja auf magnetische Feldlinien ansprechen.
Ein Peilkompaß gehört auf jedes Schiff. Er gehört zum Navigator wie ein Zollstock zum Zimmermann. Welchen Typ man wählt, ist Geschmacksache. Ich persönlich ziehe die Halsbaumler mit einem Gummiring vor. Wenn nämlich der Navigator bei der Hafenansteuerung gefordert ist, wird er fortlaufend zwischen Kartentisch und Peilplatz neben den Wanten hin und her sausen. Dann ist es ausgesprochen unbequem, wenn man den Peilkompaß jedesmal erst in seine Halterung zurückstellen muß, damit die Hände zum Zeichnen frei werden. Für Nachtfahrten muß eine Beleuchtung eingebaut sein. Denn das

beste Leuchtfeuer, wegen seiner zweifels-
freien Identifizierung (Kennung) ein ideales
Peilobjekt, hilft nichts, wenn die Peilung nicht
abgelesen werden kann. Schließlich kann ich
den Kompaß nach der Peilung nicht weg-
legen und die Peilung mit der Taschenlampe
ablesen. Ausgenommen sind die auf den
Markt drängenden Peilkompasse mit Digitalanzeige.

Das Peilen mit dem Peilkompaß will geübt
sein, denn bei Seegang wird es schwierig.
Ein winziger Schleppfehler der kleinen Rose
macht schon ein paar Grad Ungenauigkeit
aus. Und wenn man den Kompaß darüber
hinaus so schief hält, daß die Rose hängen-
bleibt, kommt man zu total falschen Ergeb-
nissen. Deshalb ruhig bei einem Spa-
ziergang auf der Mole ein paar Probepeilungen nehmen. Wenn man nach jeder
Peilung absetzt und von neuem mißt,

*Handpeilkompasse. Der Kompaß links unten hat
den Vorteil, daß sich seine Anzeige irrtumsfrei
ablesen und „einfrieren" läßt, so daß die Messung
am Kartentisch nochmals überprüft werden kann.
In jedem Fall sollte der Handpeilkompaß sich
umhängen lassen − wegen der freien Hände. Nur
so ist er immer griffbereit.*

bekommt man gleich ein Gefühl für die unver-
meidbaren Peilungenauigkeiten. Es empfiehlt sich auch, zur Übung ein paar Standlinien in die Karte einzuzeichnen, dann über-
schätzt man in der Bordpraxis die Peilgenauigkeit nicht und hält sich noch mehr von
Gefahrenstellen fern.

Übrigens: Wenn es einmal auf besonders
hohe Peilgenauigkeit ankommt, scheue man
sich nicht, seinen Steuerkurs für ein paar
Sekunden zu verlassen und auf das Peil-

65

objekt zuzuhalten. Der neue Steuerkurs ist gleich der Kompaßpeilung. Es ist also die Methode der Stahlschiffskipper, die mit dem ganzen Schiff peilen. Der Steuerkompaß ist der beste Kompaß an Bord; schon allein wegen seiner Größe ist die Kompaßrose sicher besser gedämpft als die Minirosen in den handlichen Peilkompassen.

Man wird auch feststellen, daß es sich bei einer Mißweisung (sie steht in der Seekarte bei der Kompaßrose!) von unter 3° (Mittelmeer, Ostsee) nicht lohnt, sie bei der Peilung zu berücksichtigen. Es geht nämlich gar nicht darum, die 2° abzuziehen; verrechnen wird man sich dabei wohl kaum. Die größere Gefahr ist, das Vorzeichen zu verwechseln, weil ja kaum jemand sich eigens in die Navigationsecke verzieht, um so was schriftlich auszurechnen. Also lassen wir die Mißweisung in den „harmlosen" Gewässern lieber weg! Nochmals: Die Restablenkung können wir sowieso nicht berücksichtigen, und um Strom und Abdrift brauchen wir uns nicht, ja dürfen wir uns bei einer Peilung nicht kümmern.

In der Praxis bekommen wir also eine Standlinie aus der Kompaßpeilung in drei Schritten:

- Peilen des Objekts
- Identifizieren des Objekts in der Karte
- Einzeichnen der Peilung durch das Objekt in der Karte

Fertig ist die Standlinie. Fast immer steht uns ein zweites Objekt zur Verfügung, dann peilen wir an Deck die zweite Landmarke. Mit den beiden Peilungen auf den Lippen („112, 166 . . . 112, 166 . . . 112, 166 . . .", soviel sollten wir uns merken können), geht es an den Kartentisch, wo wir die beiden Zahlen als erstes auf einen Schmierzettel schreiben, meinetwegen auch auf den Kartenrand (mit Bleistift). Noch sicherer ist es, wenn wir dem Rudergänger Kugelschreiber und Zettel zum Mitschreiben in die Hand drücken.

Empfehlung: Die Peilungen immer in einer bestimmten Reihenfolge machen, also im Uhrzeigersinn. Dann lassen sich Sprech-

oder Schreibfehler besser entdecken. Machen wir es uns so einfach wie möglich, das dient immer der Sicherheit.

Übertrieben ist es, mehrere Peilungen zu machen und zu mitteln. Hat man ein wenig Übung mit der Peilerei, bekommt man ein sicheres Gefühl dafür, welche Peilung gut war und welche man vergessen kann.

Zwei Standlinien, ein Schnittpunkt, ein Schiffsort. Drei Standlinien, drei Schnittpunkte, ebenfalls ein Schiffsort. Warum dann also drei Standlinien? Haben wir nicht früher schon darauf hingewiesen, daß der wirkliche Schiffsort nicht einmal innerhalb der drei Schnittpunkte des Fehlerdreiecks liegen muß?

Gerade dem Anfänger empfehle ich, nach Möglichkeit mehr als zwei Peilungen gleichzeitig zu nehmen. Der Schiffsort wird zwar dadurch in der Praxis kaum exakter, doch bekommt man so ein gutes Gefühl für die Genauigkeit seiner Navigation und weiß auch, inwieweit man sich darauf verlassen kann.

Kein Navigator wird beim Einzeichnen der Peilungen Schwierigkeiten haben. Sie werden wie eine Kurslinie ebenfalls mit dem Kursdreieck eingetragen und durch das Peilobjekt gelegt. Zwei schnelle Striche, fertig ist der Schiffsort in der Seekarte. Der Skipper kann nun entscheiden, wie es weitergehen soll: „Kommen wir der Untiefe nicht zu nahe?" oder: „Offensichtlich werden wir doch zu sehr nach Westen versetzt" usw.

Ein Beispiel in der Übungsseekarte

Angenommen, die Yacht „Elisa" ist am 12.09.1992 um 14.23 UTC auf dem Weg zur Nordseite von Ibiza und möchte die Insel

Irgendwo westlich von Formentera. Gesucht sind Kurs und Entfernung nach Vedrá. Zwei deutliche Peilobjekte stehen zur Verfügung.

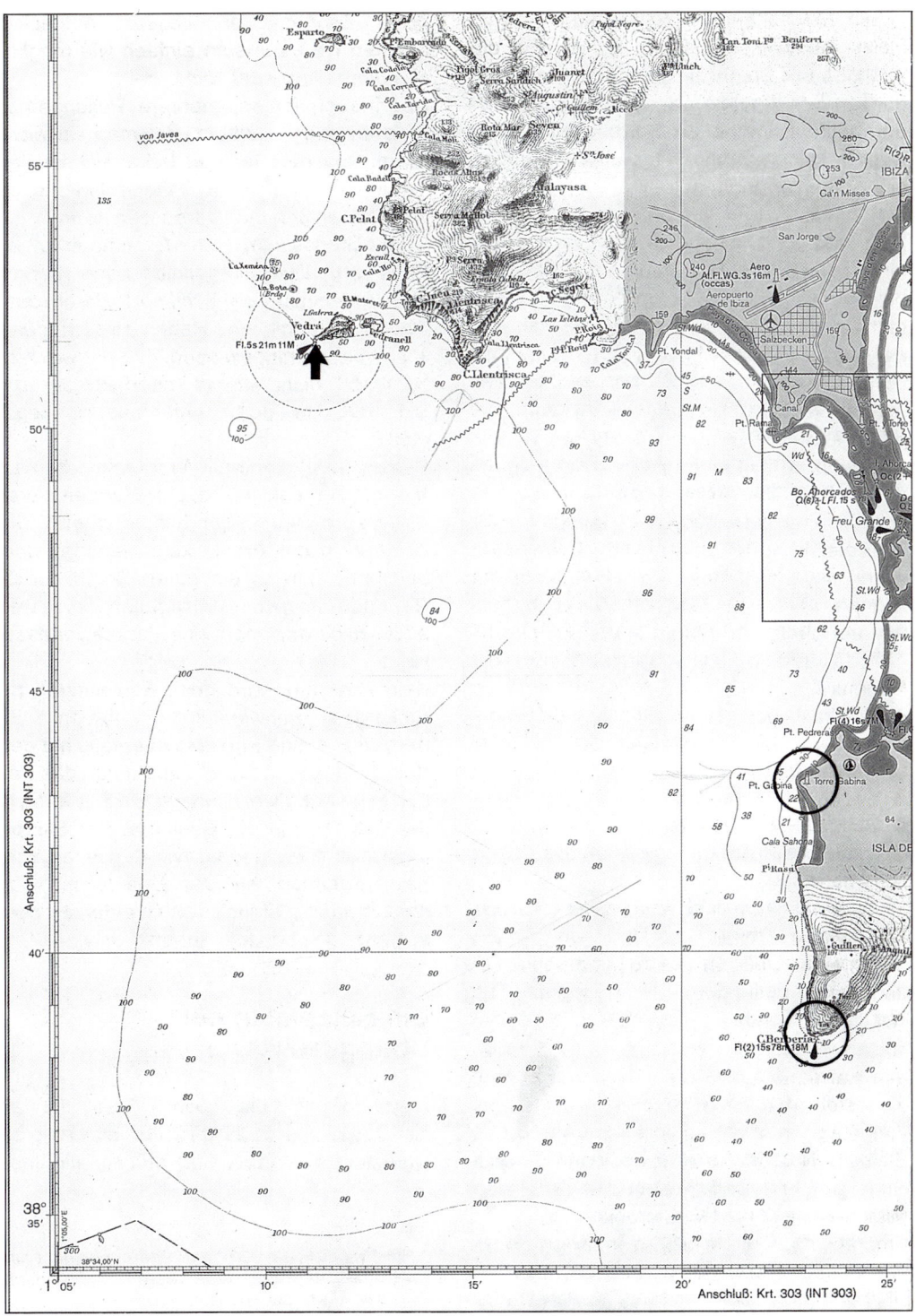

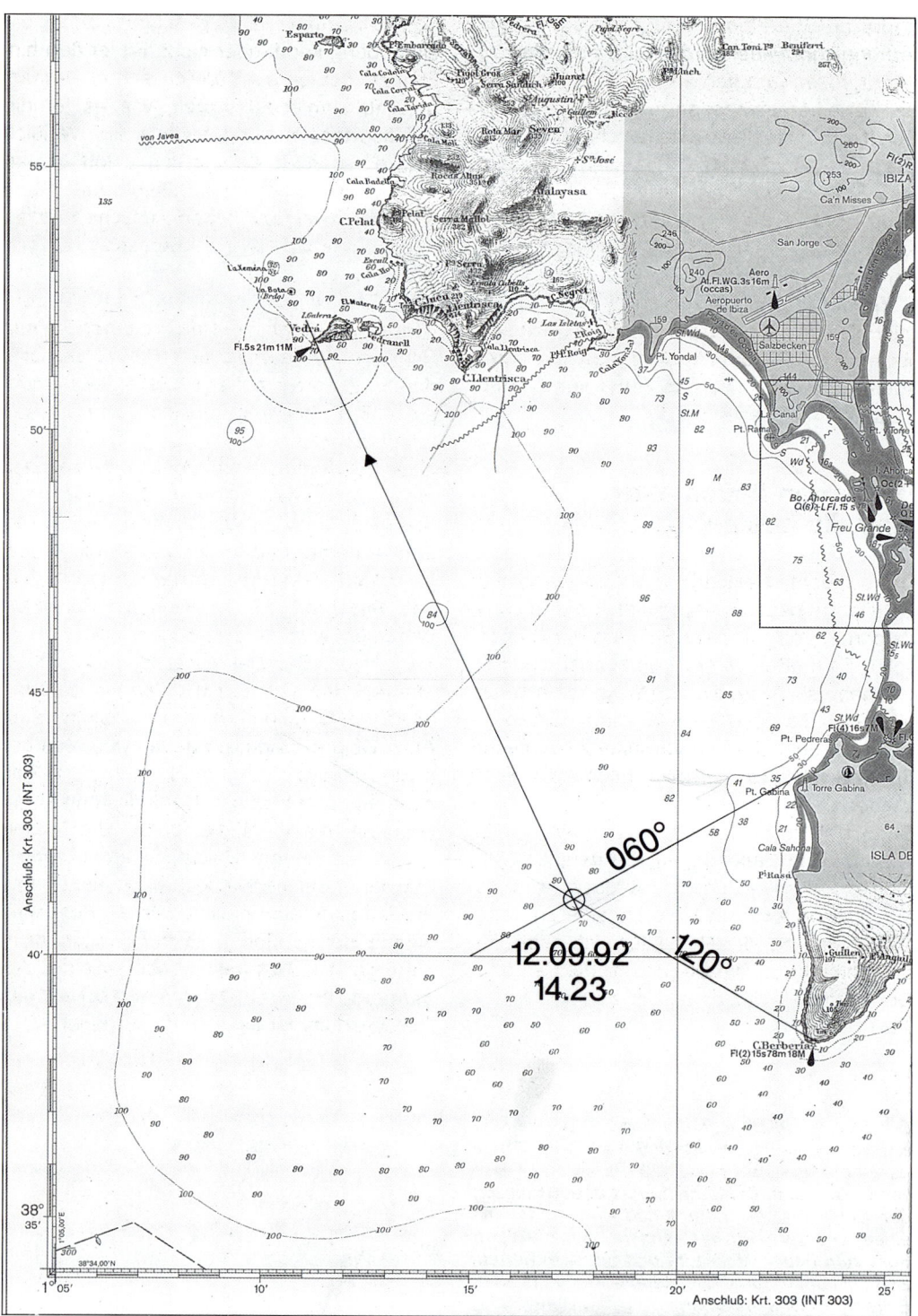

Vedrá an Steuerbord lassen. Kurs und Entfernung zum Feuer an der Südwestseite von Vedrá sollen ermittelt werden. Um dies aus der Karte herausmessen zu können, muß der Schiffsort in die Karte eingezeichnet werden. Die einzelnen Schritte:

Der Skipper sieht an der Küste zwei markante Peilobjekte. Sie werden in der Karte identifiziert: Fast schon achteraus und gerade noch sichtbar ist das Feuer von C. Berberia, und querab kann der Skipper mit Hilfe von Fernglas und Seehandbuch den Torre Gabina identifizieren. Gabina wird sodann mit 060° und das Feuer von C. Berberia mit 120° gepeilt.

Die nahen Peilobjekte sind die besten

Der schlechte Navigator wird nun unentwegt Schiffsorte bestimmen, schließlich ist dieses Zeichnen von ein paar Strichen ein Kinderspiel. Es muß auch nicht gerechnet werden; vielmehr ist es so, als ob es etwas umsonst gibt – bis die Peilobjekte langsam achteraus wandern oder die Schnittwinkel zu schlecht für einen Schiffsort werden (möglichst nicht kleiner als 30°).

Dann geht die Suche los nach neuen Peilobjekten, nach Landzungen, Bergen, Leuchttürmen oder ähnlichem. Blamabel wird es dann, wenn zwar mehrere Objekte an Land zu sehen sind, der Navigator sich aber eingestehen muß: „Die Gegend ist mir fremd!"

Dem guten Navigator, oder sagen wir besser dem „Mitdenker", ist es gleichgültig, ob er die Umgebung kennt oder nicht. Bis er dort hinkommt, hat er sie nämlich schon kennengelernt, zumindest soweit, wie es für die Schiffsortbestimmung wichtig ist. Wirklich bequem geht das aber nur, solange man noch einen sicheren Schiffsort hat. Dann wird der Navigator schon Ausschau halten nach Landmarken, die interessant werden können.

Wie? Er peilt den Leuchtturm an Steuerbord voraus und legt die Peilung durch seinen Schiffsort. Verläuft der Strich in der Seekarte durch ein Feuer, hat er Glück gehabt. Wahrscheinlich handelt es sich um diesen Leuchtturm.

Aber hundertprozentig sicher ist dies noch nicht. Vor allem, wenn in der Landschaft mehrere Türme stehen. Deshalb wird der Mitdenker immer und immer wieder mit Probepeilungen überprüfen, ob der Turm wirklich in das Bild paßt. Bis er dann als Peilobjekt gebraucht wird, ist dies sicher.

Im obigen Beispiel wird er vielleicht im Moment des sicheren Schiffsortes, also um 14.23 UTC, schon mal die Peilung zum Pt. P. Roig mit ziemlich genau 000° aus der Karte herausmessen und dann den Peilkompaß darauf richten. Dadurch kann er am Horizont diese Marke unter Umständen schon für spätere Peilungen identifizieren, obwohl er sie vorher noch nie gesehen hat. Im Moment eignet sich dieses Peilobjekt wegen der großen Entfernung noch nicht sehr gut zur Navigation, aber mit der Annäherung an die Insel Vedrá wird ein solches Peilobjekt immer besser und wichtiger.

◄ *Der Skipper zeichnet in die Karte ~ so wie eine Kurslinie – die Peilung von 060° zum Torre Gabina durch das Peilobjekt und 120° durch das Feuer von C. Berberia. Der Schnittpunkt ist automatisch der Schiffsort. Mit dem Kursdreieck (oder mit einem anderen Kurswerkzeug) wird der weitere Kurs zum Feuer von Vedrá und mit dem Kartenzirkel die Entfernung herausgemessen: Kurs 334°, Entfernung 12 Seemeilen.*

Übungsaufgaben*

1. Die Yacht „Golden Hind" befindet sich um 08.12.00 an der Nordostspitze von Ibiza. Sie möchte nach Sn. Antonio an der Westseite der Insel, um dort ein paar Tage vor Anker zu bleiben. Der Skipper kann C. Eubarca bei dem dunstigen Wetter noch nicht sehen, möchte aber den Kurs dorthin absetzen. Die Feuer von Tagomago und das 53 Meter hohe Feuer von Pt. Moscarte kann er gut ausmachen. Mit dem Peilkompaß wird das Feuer von Tagomago mit ca. 210° und das Feuer von Pt. Moscarte mit ca. 260° gepeilt. Wie lautet die Position der „Golden Hind" um 08.12.00?

2. Eine auffällige Huk peilt der Skipper um diese Zeit mit ca. 236°. Um welche Huk könnte es sich handeln?

3. Um 09.30.00 werden nunmehr Pt. Grossa mit ca. 170° und das Feuer von Pt. Moscarte mit ca. 225° gepeilt. Wie lauten Geschwindigkeit und Kurs über Grund seit 08.12.00?

4. Wie lautet der Kurs auf C. Eubarca zu nunmehr?

5. Um von der Küste gut freizubleiben, setzt der Skipper sich zur Ansteuerung von Sn. Antonio einen Wegpunkt in die Karte mit 39°03′N und 001°13′E. Kurs und Entfernung dorthin?

6. Wann ungefähr wird dieser Wegpunkt erreicht sein, wenn die bisherige Geschwindigkeit beibehalten wird?

Kompaßpeilungen sind schlechthin die Standardnavigation in Küstennähe. Sie sind schnell, unkompliziert, für den praktischen Bedarf ausreichend genau, und mit 100 oder 200 Mark für den Peilkompaß ist man dabei. Und wem das noch zu teuer ist, der kommt mit dem Steuerkompaß genausogut zurecht (aber nicht ganz so bequem und schnell).

Auf einem Schiff mit einfacher, aber ausreichender Navigationsausrüstung wird der Navigator in Küstennähe kaum andere Navigationsmethoden anwenden, denn es gibt nichts Simpleres und Zuverlässigeres als Kreuzpeilungen.

Was aber, wenn wir in Küstennähe segeln, und die Küste verschwindet hinter dichtem Nebel? Das ist etwas, was jeder Salzwassersegler über kurz oder lang erleben wird, selbst dann, wenn er bei Nebelwarnungen brav im Hafen bleibt.

---

* Die Übungsaufgaben berücksichtigen die Mißweisung von − 2° nicht, da sie in der Praxis vernachlässigbar ist.

8

Mit Radar König unter Blinden

In der Navigation zählt nur der Kurs zum Ziel. Dazu wird mit dem Kursdreieck oder sonst einem der vielen patenten Werkzeuge der Kurs zwischen Schiffsort und Zielhafen aus der Karte herausgemessen. So einfach ist das.

Schippert die Yacht in Küstennähe, holt sich der Navigator den Schiffsort fast immer aus einer Kreuzpeilung, das heißt, zwei Landmarken werden angepeilt und durch die Peilobjekte in der Seekarte zwei Bleistiftlinien mit der Peilung als Richtung gezogen. Fertig ist der Schiffsort: der Schnittpunkt beider Linien. Funktioniert praktisch immer, wenn, ja wenn die Landmarken sichtbar sind. Was ist aber, wenn Nebel herrscht?

Wenn ich an echte Schwierigkeiten in meiner Navigator-Laufbahn zurückdenke, dann fallen mir nicht die gefürchteten Korallenriffe in der Südsee ein oder die Gegend um Kap Hoorn mit dem größten Schiffsfriedhof der Welt, sondern bange Minuten im Hafen von Dover, ein paar Stunden im Englischen Kanal, eine Irrfahrt auf der Ostsee, ein hilfloses Treiben im Kanal vor der jugoslawischen Insel Hvar und die Straße von Gibraltar. Die Ursache für die Aufregung war jedesmal pottendichter Nebel – übrigens immer im Hochsommer. Und das ohne Radar!

In solchen Situationen ist der Navigator mit seinem Latein ziemlich am Ende. Trotzdem brauchen wir nicht gleich voller Schreck die Segel runterzureißen oder beizudrehen. Sagt uns der letzte Schiffsort, daß wir noch zehn Meilen von der Küste oder von einer Untiefe entfernt sind, dann können wir getrost weitersegeln. Unter Zugrundelegung der zuletzt ermittelten Geschwindigkeit über Grund (nur die ist für die Navigation maßgebend!) kann man es schon riskieren, 80 Prozent der verbleibenden Strecke zur Küste zurückzulegen. Die restlichen 20 Prozent heben wir uns als Reserve auf, das heißt, wir warten auf Wetterbesserung. Je einfacher nämlich unsere Navigationsausrüstung ist, um so mehr Zeit sollten wir einplanen. Das ist übrigens der einzig wirkliche Nachteil einer simplen Navigationsausrüstung, nicht die fehlende Genauigkeit.

Das Echolot als „Miniradar"

Wohl dem, der in diesem Moment auf elektronische Hilfen zurückgreifen kann. Das Echolot werden wohl die meisten an Bord haben. Damit kann man im Nebel schon etwas anfangen.

Unsere Yachtecholote haben meist einen Meßbereich bis etwa 100 Meter Tiefe. Allgemein verbindliche Angaben können dazu nicht gemacht werden, denn ob ein Boden Echos zurückwirft, hängt nicht nur von der Tiefe ab, sondern auch von seiner Beschaffenheit. So kann ein Echolot unter bestimmten Bedingungen einmal 120 Meter anzeigen, das nächste Mal streikt es schon bei 50 Metern.

Das Echolot kann in der Navigation also dann erfolgversprechend eingesetzt werden, wenn der Grund entsprechend beschaffen ist. In einem Gewässer mit flach anstei-genden Sandbänken bringt uns ein Echolot nicht sonderlich weiter. „11 Meter" auf der Anzeige kann nämlich auch bedeuten „10 Meter" oder „12 Meter". So ungenau sind diese Dinger. Und wenn man sich mal auf einer Seekarte ansieht, welche Riesenflächen Tiefen von 10 bis 12 Meter haben, dann wird klar, daß ein solcher Grund zur Standortbestimmung mit dem Lot nichts taugt.

Geeignet sind Küstengewässer mit deutlich ansteigendem Grund. Wenn bei eingeschaltetem Echolot auf die Küste zugelaufen wird und die 10-Meter-Linie noch drei Seemeilen von einer reinen Küste entfernt ist, dann besteht kein Grund, nicht „blind" mit Hilfe des Lotes weiterzusegeln. Es kann aber erforderlich werden, seine Pläne zu ändern, wenn beispielsweise das ursprüngliche Ziel sich für die Echolot-Navigation nicht eignet. Doch selbst mit dem besten Echolot und bei gutem

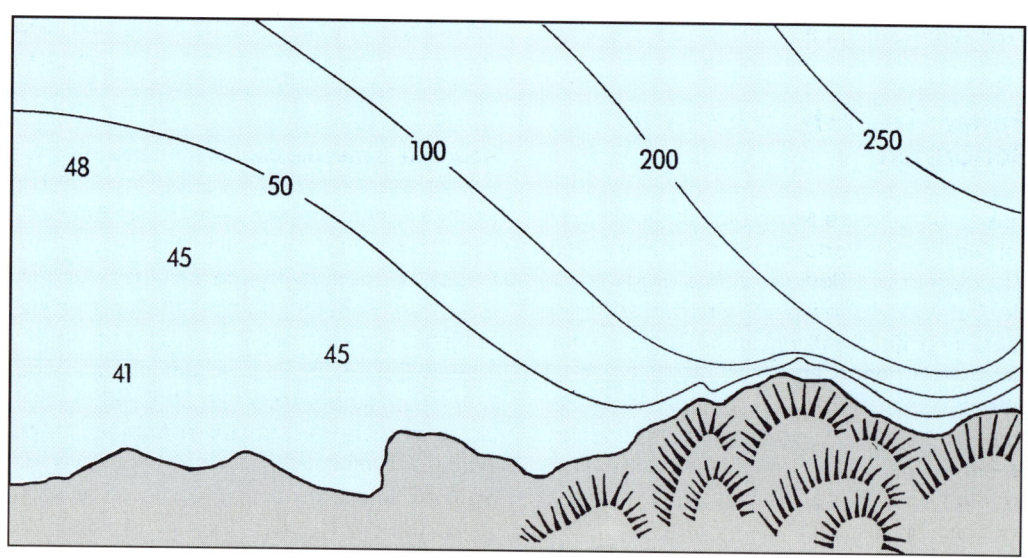

Echolot-Navigation ist nur bei markanten Tiefenübergängen einigermaßen brauchbar. Bei annähernd gleichen Tiefen, wie in der linken Bildhälfte, läßt sich keine eindeutige Standlinie gewinnen, zumal mit Meßungenauigkeiten immer gerechnet werden muß. In der rechten Bildhälfte würde ich mich auch nur auf das Radar verlassen, wenn ich sicher sein kann, daß es mir schon die 200-Meter-Linie anzeigt.

Meeresgrund wird es niemals möglich sein, mit dem Echolot allein einen genauen Schiffsort zu bekommen. Bei Nebel müssen wir meist mit ungefähren Anhaltspunkten zufrieden sein.

Das Echolot ist als „Radar des kleinen Mannes" eine große Hilfe, wenn man seine Grenzen kennt. Lotstreifensegelei, wie sie in einigen Lehrbüchern beschrieben wird, ist hervorragend geeignet, um auf einem Ausbildungstörn bei bekanntem Schiffsort eine aufmüpfige Mannschaft zu beschäftigen — sonst kann man sie vergessen!

Noch etwas: Das Echolot ist nicht dazu geeignet, Grundberührung zu vermeiden. Denn es zeigt nicht die Wassertiefe vor, sondern unter der Yacht an. Im Zweifelsfall sind offene Augen, genaue Navigation und eine Karte mit großem Maßstab vom Ankerplatz meist eine bessere Waffe gegen das Auflaufen als das Echolot. (Unersetzbar ist es allerdings, um die Ankertiefe und damit die Kettenlänge zu ermitteln.)

Radar: Sicherheit geht vor Schönheit

Eine unbezahlbare Navigationshilfe, speziell bei Nebel, ist Radar, aber nicht nur dann. Man kann den Wert eines Radargeräts für die Sicherheit, den inneren Frieden auf einer Yacht und für die Wetterunabhängigkeit gar nicht hoch genug ansetzen. Nicht umsonst gibt es kaum ein Berufsschiff ohne Radar. Es sollte zu denken geben, warum ausgerechnet Profis unter den Navigatoren sich so sehr auf das Radar verlassen, obwohl sie doch auf den Seefahrtsschulen die gründlichste Ausbildung in Navigation genossen haben. Die Antwort kann nur lauten: Weil Radar das leistungsfähigste Navigationsinstrument überhaupt ist.

Deshalb mein dringender Rat an alle, die an ein eigenes Schiff denken: Wenn es die Größe der Yacht (und der Geldbeutel) zuläßt, gehört unbedingt ein Radar drauf! Tatsache

ist, daß eine mit Radar ausgerüstete Yacht bei Sichtweiten von „Null" immer noch genauer in Landnähe navigieren kann als ein sehr erfahrener Navigator bei schönstem Sonnenschein.

Die Radarantenne ist es, die die meisten Skipper veranlaßt, auf Radar zu verzichten. Denn die verschandele nur das Schiff, meinen sie. Zugegeben, die Installation einer Radarantenne ist und wird immer ein Problem bleiben.

„Ich warte noch, bis die Antennen kleiner werden", erzählte mir vor 20 Jahren ein Seglerfreund. Er wartet noch heute. Denn die Größe der Antenne steht in einem ganz bestimmten Verhältnis zur Wellenlänge und zu anderen physikalischen Gegebenheiten der Radarausstrahlung und des Empfangs. Sie können nun mal nicht geändert werden. Und wenn in letzter Zeit besonders kleine Yachtradar-Antennen auf den Markt gekommen sind, dann war das mit Qualitätseinbußen verbunden. Tatsache ist, daß die gleichen Geräte auch mit den üblichen großen Antennen im Katalog stehen. Warum wohl?

Aber ich sehe es ein, die Installation der Antenne ist möglicherweise das größte Problem beim Thema „Radar auf Yachten". Der Stromverbrauch zählt nicht so sehr, denn Radar hilft dem Navigator auch dann, wenn er es nur bei Bedarf für ein paar Minuten einschaltet, um ein paar Peilungen zu machen, seinen Schiffsort zu bestimmen, und dann den Hauptschalter wieder auf „OFF" dreht.

Übrigens: Die vieldiskutierte Antennenhöhe ist tatsächlich kein Problem. Denn die Radarantenne kann so ähnlich „schauen" wie der Navigator mit dem Fernglas in der Hand. Das heißt, wenn ein Gegenstand hinter der Kimm ist, kann ihn auch das Radargerät nicht ausmachen. Aber: Ein Yachtradar hat nur eine bestimmte Empfindlichkeit. Ein Sandstrand gibt ein schlechtes, manchmal sogar gar kein Echo, gleichgültig, ob „Sichtverbindung" zwischen ihm und der Radarantenne besteht oder nicht.

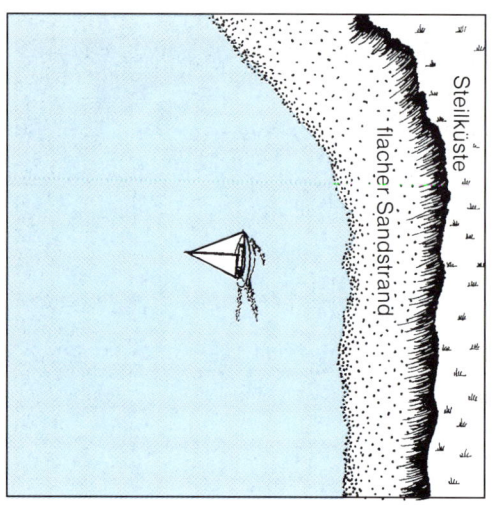

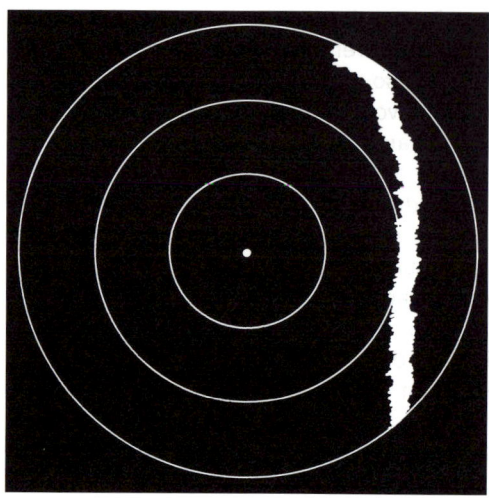

Nicht jede Küste erzeugt ein gutes Echo: Flacher Sandstrand ist meistens schlecht zu erkennen. Die Steilküste hinter dem Sandstrand gibt in der

Regel ein klares Echo auf dem Radarschirm. Der Sandstrand (siehe linkes Bild!) ist auf dem Radar nicht zu sehen.

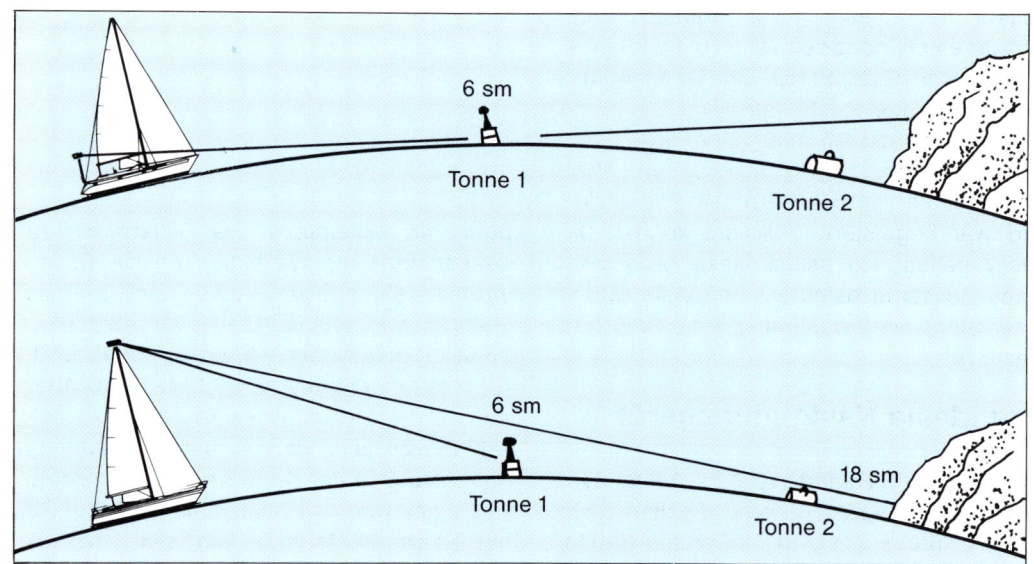

Oben ist die Radarantenne an einem niedrigen, 1,50 Meter langen Hilfsmast hinter dem Cockpit angebracht. Zur Tonne 1 besteht „Sichtverbindung", sie ist massig genug, um auf sechs Meilen Entfernung noch ein Echo zu geben. Tonne 2 liegt hinter dem Horizont und kann vom Radarauge deshalb nicht mehr erfaßt werden. Der 18 Meilen entfernte große Berg ergibt ein starkes Echo – das Radarauge sieht ihn ohne weiteres.

Im Bild darunter ist die Antenne im Masttopp angebracht. Tonne 1 und der Berg werden gut abgebildet. Tonne 2 kann zwar „gesehen" werden, weil die Antenne hoch genug angebracht ist, bei der großen Entfernung von 15 Seemeilen reicht aber die Masse der Tonne nicht mehr aus, um ein Echo zu erzeugen. Das Ergebnis ist also das gleiche wie im oberen Bild, obwohl die Antenne wesentlich höher angebracht ist. Hinzu kommt bei der Situation unten das schlechtere Radarbild, weil die Schiffsbewegungen im Masttopp erheblich heftiger sind als unten.

Eine Tonne gibt – je nach ihrer Größe – ein Echo auf drei bis sechs Seemeilen Entfernung, so daß hierfür schon eine Antennenhöhe von ungefähr drei Metern über dem Wasser ausreicht. Berge, die 24 Seemeilen entfernt sind, kann unser Radarauge unabhängig davon „sehen", ob es auf Deck montiert ist oder im Topp eines Mastes. Die Anbringung dort oben hat aber den erheblichen Nachteil, daß die Schiffsbewegungen im Topp deutlich heftiger sind, was eine Trübung des Radarbildes zur Folge hat.

Trotzdem räume ich gerne ein, daß die Montage der Radarantenne, nicht die des Schirms, auf einem Einmaster unter 12 oder 13 Meter Länge Schwierigkeiten bereitet. Der Platz in der Saling ist auch nur ein Kompromiß dem Radar zuliebe, zum Nachteil der Segel. Und im Masttopp? Voreilig möchte ich sagen, daß dieser hohe Standort nicht gerade empfehlenswert ist – siehe oben –, obwohl auf einer Sloop die Antenne dort ganz gut „aufgeräumt" wäre.

Tatsächlich habe ich auch noch keine Yacht mit der Schüssel im Topp gesehen. Aber: Weltumsegler Kampe hatte sein Radar dort und war begeistert. Vielleicht können die Leser helfen; ich selbst lasse mich gern eines Besseren belehren, und viele Eigner einer Sloop warten auf eine frohe Botschaft dieser Art.

Das ideale Navigationsgerät

Was leistet ein Radargerät? Es kommt dem Traum eines jeden Navigators schon recht nahe. Erinnern Sie sich? Im ersten Kapitel wurde aufgezeigt, was das optimale Navigationsinstrument leisten sollte. Gewünscht wurde ein Satellitenbild von der Draufsicht auf die Yacht in ihrer natürlichen Umgebung. Jeder Laie könnte sich dann leicht orientieren und solche Steuerbefehle geben, daß die Yacht sicher vor jedem Unterwasserhindernis in den Hafen finden würde.

Ein Teil dieses Traumes ist mit dem Radar Wirklichkeit geworden: Die Yacht ist als Licht-

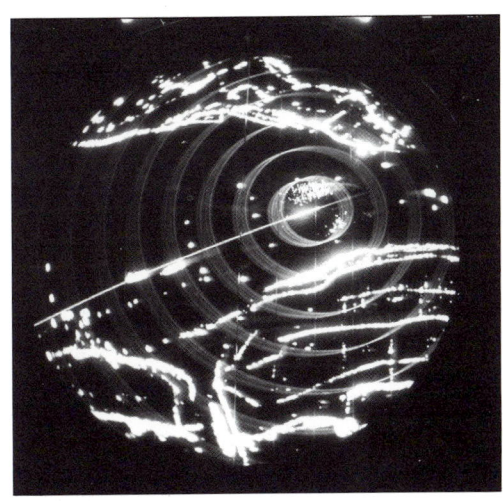

Auf dem Radarschirm zeigt sich kein Bild wie im Fernseher, sondern eine Darstellung der Umgebung, die gedeutet werden muß. Schiffe und Tonnen sind nicht sofort zu unterscheiden.

punkt im Mittelpunkt des Bildschirms zu sehen; die Landschaft, so, wie die Radarstrahlen sie abtasten, bildet sich um die Yacht herum ab. Nur Unterwasserinformationen gibt uns der Radarbildschirm nicht, die müssen wir uns aus der Karte holen. Aber auch ohne sie kann das Radarbild so aufschlußreich sein, daß wir unter Umständen ohne Arbeit in der Karte navigieren können. Wenn, ja wenn sich die Landschaft dazu eignet: Die Küste muß „rein" sein, und das Radarbild muß der Landschaft einigermaßen entsprechen, das heißt, der Küstenverlauf im Radar sollte weitgehend identisch sein mit dem in der Karte. Das ist oft der Fall.

Selten haben die Küste auf der Karte und die „Radarkarte" so wenig Ähnlichkeit, daß es Schwierigkeiten macht, Objekte an der Küste zu identifizieren. Fast immer finden wir gewisse Formationen im Uferverlauf, Buchten, Huks oder ähnliches, die auch auf dem Radarschirm zu sehen sind. Zum Navigieren sollte man die aber erst heranziehen, wenn man sie genau identifiziert hat, wenn also beispielsweise beim Segeln Richtung Küste immer mehr Einzelheiten zusammenpassen.

Standlinien am laufenden Band

Hat man ein Objekt an der Küste auf Bildschirm *und* Karte ausgemacht, dann kann es mit dem Radar genauso gepeilt werden wie zum Beispiel mit dem Peilkompaß. Nur ist die Peilung auf dem Bildschirm erheblich leichter als mit dem kleinen Kompaß vor dem Auge. Der Rudergänger wird angewiesen, möglichst stetig Kurs zu halten (welchen, ist gleichgültig); dann legt der Navigator den auf dem Bildschirm drehbar eingebauten Peilstrich auf das Peilobjekt und liest am Rande des Bildschirms die Peilung ab.

Das ist eine sogenannte Schiffsseitenpeilung, die nur aussagt, in welcher Richtung

– gemessen von der Längsachse des Schiffes aus – das Objekt gepeilt wurde. Damit allein kann der Navigator jedoch nichts anfangen, denn mit der Seitenpeilung wäre er so verlassen wie die Schildbürger, die die Kirchenglocke vom Kahn aus im See versenkt und die Stelle mit einem Messer in die hölzerne Bordwand eingekerbt haben.

Zur Schiffsseitenpeilung gehört immer der Kompaßkurs, so daß auf das Kommando vom Radarbeobachter: „Jetzt!" der Kompaßkurs abgelesen werden muß. Der Rest ist einfach: Die Gradzahlen von Schiffsseitenpeilung und Kompaßkurs werden zusammengezählt. Das ergibt die Kompaßpeilung zum Peilobjekt. Sind es mehr als 360°, werden 360 abgezogen.

Wie wir jedoch bereits wissen, sind Kompaßpeilungen mit einer Reihe von Ungenauigkeiten behaftet. Eine Kompaßpeilung mit Radarhilfe kann also nicht genauer sein als jene mit dem Peilkompaß. Das Radar leistet aber erheblich mehr!

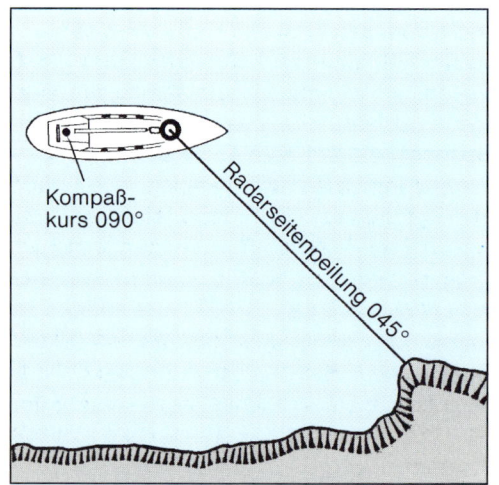

Peilung per Radar: Durch Addieren von Kompaßkurs und Radarseitenpeilung erhält der Navigator die Kompaßpeilung zu der markanten Huk.

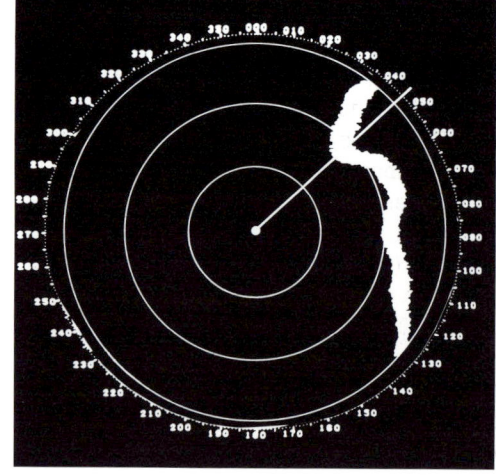

So sieht der Radarbeobachter die Huk. Der Peilstrich zeigt 045° an, der Kompaßkurs beträgt 090°. Die Kompaßpeilung: 135°.

Abstandsmessungen auf eine Kabellänge genau

Abstandsmessungen mit dem Radar liegen konstruktionsbedingt um höchstens 50 Meter daneben, sind also für Navigationszwecke äußerst präzise. Sie gehören somit in eine viel edlere Genauigkeitskategorie als Kompaßpeilungen. Das einzige zusätzlich erforderliche Werkzeug für den Navigator ist ein 10 Mark teurer Bleistiftzirkel in der Navigationsecke.

Jedes Radargerät besitzt Distanzringe, die eine ziemlich exakte Ermittlung des Abstands der Yacht von einem Objekt an Land selbst dann ermöglichen, wenn einer der Distanzringe nicht genau auf einem Objekt liegt. Dann hat man nur nach Augenmaß zwischen zwei Ringen zu interpolieren. Besser als auf eine Kabellänge genau, kommt man allemal hin, und das reicht für einen guten Schiffsort.

Neuere (aber nicht unbedingt teurere) Geräte haben einen verstellbaren Entfernungsring (*variable range marker*), den man konzentrisch so über das gesamte Bild verschieben kann, daß er schließlich genau durch das Peilobjekt verläuft. Die Entfernung wird dann digital auf ein oder zwei Stellen genau in Meilen angezeigt.

Gleichgültig, ob Seitenpeilung oder Entfernungsmessung, eine Messung ergibt nur eine Standlinie, keinen Standort. Aber beim Radar haben wir praktisch immer die zwei Standlinien zur Hand. Selbst wenn nur ein Peilobjekt identifiziert wird, haben wir den Abstand (das ist auf der Karte ein Standlinienkreis mit dem Peilobjekt als Mittelpunkt und die Distanz im Zirkel) und eine Linie, die Kompaßpeilung eben. Beides zusammen ergibt einen Schiffsort, dessen Genauigkeit durch die Kompaß- und Steuerfehler während der Messung freilich beeinflußt wird.

Besser sind zwei Abstände zu zwei Objekten an Land. Hat man mal mit Sicherheit ein Objekt auf Bildschirm und Karte identifiziert, ist es kein großes Kunststück, mit Hilfe dieser Landmarke ein zweites Peilobjekt zu finden. Ein genauer Schiffsort ist die Belohnung.

Das Problem mit den schleifenden Standlinien

Zwei Standlinienkreise schneiden sich nicht einmal, sondern zweimal. Allerdings wird es in der Praxis kaum jemals Schwierigkeiten bereiten, sich zu entscheiden, welcher der beiden Schnittpunkte nun der Schiffsort ist. Liegen die Schnittpunkte aber so nahe zusammen, daß der Navigator lange nachdenken muß, dann sollte er sich ein anderes Peilobjekt suchen, denn schleifende Standlinien sind unbrauchbar. Merke: Je mehr die beiden Peilobjekte und die Yacht in einer Linie sind, um so größere Vorsicht ist geboten!

Was Radar sonst noch alles hergibt

Es ist kein Kunststück, dem Elektronenauge noch mehr Leistung abzuverlangen: Mit dem Radar läßt sich die Fahrt über Grund feststellen, wenn man beispielsweise auf eine Tonne zufährt. Es wird einfach die Zeit gestoppt, die die Tonne von Distanzring zu Distanzring braucht. Beispiel: Die Yacht benötigt genau 26 Minuten, bis die Tonne voraus vom 6-Meilen-Ring bis zum 3-Meilen-Ring gelangt. Auf dem Taschenrechner wird getippt: 3 : 26 ×60 = 6,92 Knoten. So einfach und genau geht das mit dem Radar. Daß dieses Wunderding dem versierteren Navigator auch den Strom durch den Versatz „sichtbar" machen kann, sei am Rande erwähnt.

Und jetzt der Haupttrumpf: Dem Radargerät ist es bei seiner Arbeit gleichgültig, ob Sonnenschein, Dunkelheit, Nebel oder was

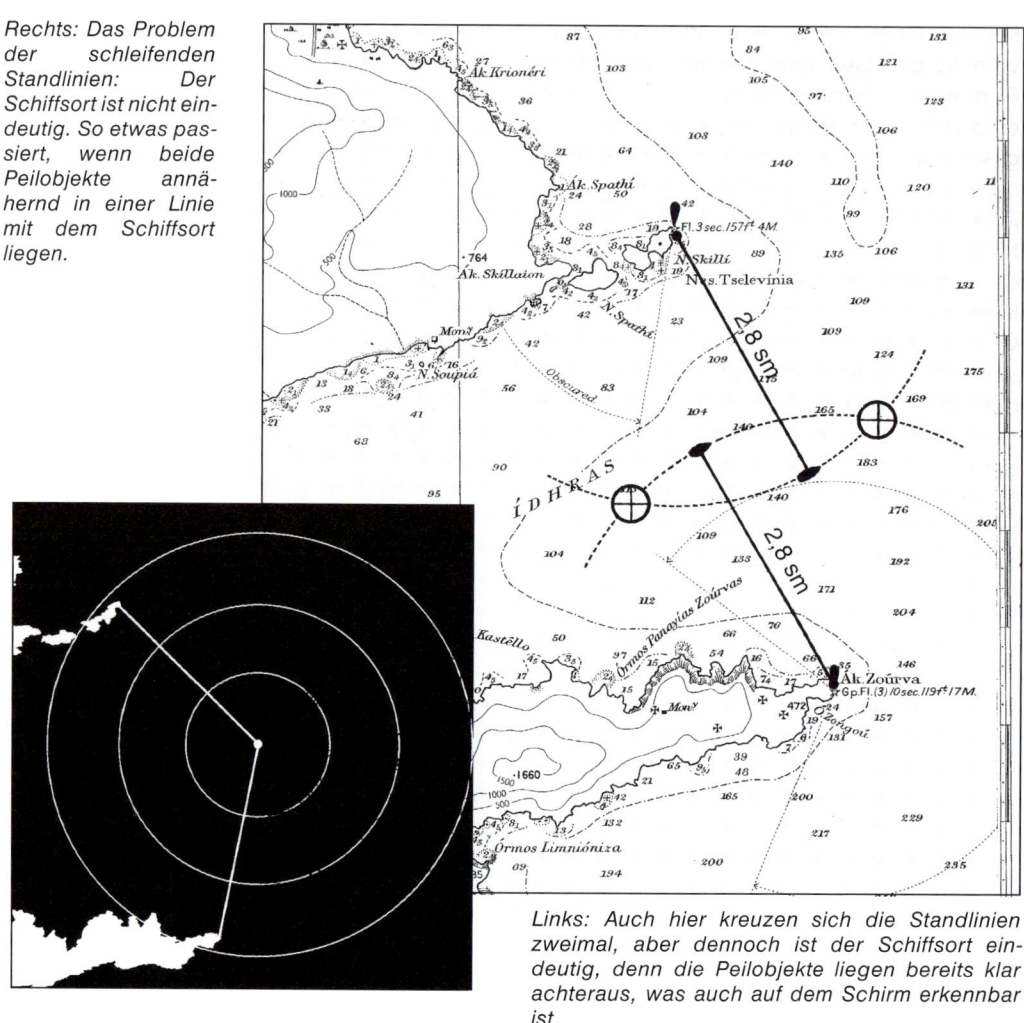

sonst für Wetter herrscht – ausgenommen dichte Regenschauer vielleicht. Bei all diesen Bedingungen ist Radar dem besten Navigator am hellichten Tag weit überlegen. Nicht ohne Grund benutzt die Großschiffahrt auch in Gegenden ohne Nebelgefahr die kreisende Antenne.

Ein Vorurteil gefällt mir nicht: Zur Radarbe-nutzung, so behaupten viele, brauche man eine gründliche Ausbildung. Nichts gegen eine gute Ausbildung, aber mit solchen Sprüchen hält man diejenigen vom Kauf eines Radars ab, die seine Hilfe am nötigsten brauchen, nämlich die Anfänger in der Navigation. Nebenbei: Die Ausbildung ist jedem zu empfehlen, der das Beste aus seinem Radargerät herausholen möchte, insbesondere zur Kollisionsverhütung, wozu das Radar – in den Händen eines Könners – hervorragend geeignet ist. Aber das inter-essiert uns im Zusammenhang mit der Navi-gation nicht.

Mit der Gebrauchsanweisung in der Hand vermag der Laie eine Menge aus seinem Radargerät herauszuholen — jedenfalls erheblich mehr als der mit Adleraugen ausgestattete Supernavigator bei Sonnenschein. Folgenden Schluß zum Beispiel kann jeder Anfänger ziehen: „Der Punkt in der Mitte, das ist unsere Yacht; an der Stelle, wo der andere Leuchtpunkt ist — etwa vier Meilen voraus —, könnte etwas sein!"

Wer allerdings zu dem Fehlschluß kommt: „Ich sehe keine Echos, also ist auch nichts in der Nähe!" macht einen bösen Fehler! Wer den aber vermeidet, hat mit einem Radargerät an Bord einen Schatz, der ihn im Ernstfall zum Einäugigen unter Blinden macht. Egal, ob Anfänger oder nicht.

Eine noch genauere Standortbestimmung ist mit den Decca- oder AP-Navigatoren (was dasselbe ist) möglich. Und erst recht mit GPS-Satellitenempfängern. Decca gibt es ab 1200 DM, Radar ab 4000 DM. Die Antennenanbringung beim autoradiogroßen Decca oder beim GPS bereitet keine Probleme. Brauche ich dann noch Radar?

Decca oder die Satelliten geben mir meinen Schiffsort (und den Kurs!) mit nackten, nichtssagenden Zahlen an, beim Radar sehe ich meinen Schiffsort in der (Radar-)Landschaft. So hilft das Radar dem Anfänger mehr. Am besten ist natürlich beides!

9

Die elektronischen Helfer

In den Tagen, als auf Yachten noch fleißig mit ungenauen Meilenzählern (Logs) gekoppelt wurde, da träumten die Navigationsschüler von einem Gerät, das es selbst Fischern in der Nordsee ermöglichen würde, ihre ausgelegten Netze wiederzufinden. In dem schon klassischen Werk „Seemannschaft" war vor Jahrzehnten so ein Kasten auch abgebildet. Er hatte viele Drehschalter, und das Ding nannte sich Decca-Navigator. In der Beschreibung hieß es sinngemäß, daß man die Rädchen so lange drehen müsse, bis man die *Lane* (Gasse) gefunden hätte, auf der man sich befinden würde. Der Rest sei ganz einfach, man müsse in einer speziellen Seekarte auf der betreffenden Lane nur nach seinem Schiffsort suchen, den Ort sodann herausmessen, um ihn schließlich in die eigentliche Seekarte einzutragen. Wie es genau funktionierte, das wußte von den Yachtleuten niemand, denn tatsächlich ist das einzige Decca-Gerät von damals, das eine Menge meiner Freunde und ich jemals gesehen haben, dasjenige auf dem Foto in der „Seemannschaft" gewesen.

Auf Yachten gab es diese Wunderdinger nämlich nicht, dafür waren sie viel zu teuer. Ja, man konnte sie nicht einmal kaufen, denn sie wurden von der englischen Firma Decca,

die das System entwickelt hatte, ausschließlich vermietet. Als Gegenleistung hatte Decca sich verpflichtet, die von ihr eingerichteten Senderketten zu betreiben.

1982 kam dann der AP-Navigator auf den Markt, und der geriet darob in Bewegung. Die Firma Decca wehrte sich verständlicherweise dagegen. Heute haben beide Seiten eingesehen, daß es letztlich besser ist, zusammenzuarbeiten. Wir Segler haben den Vorteil einer genauen, preiswerten und vor allem einfachen Navigation.

Decca, der Navigationsstandard in der Ostsee

Die Preise der verschiedenen Decca-Geräte liegen zum Teil nicht mehr weit über 1000 Mark, und das ist, wenn man mal das jahrhundertelange Ringen um einen Schiffsort zu jeder Zeit — fast ohne Rücksicht auf Kosten — berücksichtigt, nicht viel Geld für so viel Präzision. Es ist tatsächlich faszinierend, wenn auf einer Regatta in der Ostsee der Navigator kaum mehr in die Seekarte schaut. Vielmehr sucht er sich aus einem Büchlein die Wegpunktkoordinaten für die erste Tonne auf eine hundertstel Meile genau heraus, tippt sie in den Decca-Navigator ein, segelt dann den auf dem Display angezeigten Kurs (wobei fortlaufend digital Breite und Länge des Schiffsortes hochgenau angezeigt werden), und beim Ertönen eines Pieptons schwimmt drei Meter neben der Yacht wie ein erhobener Zeigefinger die erste Tonne vorbei. Man ist versucht festzustellen: „Der Idealzustand ist erreicht!"

So standen denn auch zu Beginn des Einzugs von Decca auf Yachten die Stimmungsbarometer bei allen Navigatoren auf Hoch; einer verstieg sich sogar dazu, in Zukunft auf seinen Kompaß verzichten zu wollen, was natürlich absurd ist. Aber die Begeisterung hat bis heute angehalten. Dennoch sind ein paar Einschränkungen zu machen.

Decca eignet sich für den Navigationsanfänger. Zur Anwendung des Verfahrens braucht man nur das Wissen um das Koordinatensystem und das Kursabsetzen, also Selbstverständliches für den Leser dieses Buches. Allzu Elektronikgläubige werden jetzt einwenden, daß ihr schönes autoradiogroßes Gerät selbst das kann. Mag sein, doch auch mit Decca an Bord sollte der Navigator wachsam bleiben. Warum?

Auch Decca kann Fehler machen

Nach Murphys Gesetz arbeitet Decca natürlich nicht bei schönstem Sonnenschein und Backstagsbrise fehlerhaft, dann, wenn die Ostsee mit bunten Spinnakern übersät ist, sondern wenn man gegenanbolzt, die Mitsegler seekrank sind, in der Dieselleitung immer wieder Luft ist und sich am Himmel drohende Gewitterwolken zusammenziehen. Das ist der Moment, wo der im Detail steckende Teufel sagt: „Jetzt setz' ich noch eins drauf!"

Was kann Decca für Fehler machen? Das Gerät macht üblicherweise keinen, wohl aber der Navigator. Er hat den Decca-Empfänger vielleicht nicht richtig initialisiert. Decca kann nämlich nur von einer vorgegebenen Position aus mitrechnen. Das heißt, es bekommt beim Start vom Navigator eine Position eingegeben, die bis zu zwei Seemeilen ungenau sein kann. Das ist im Hafen

Moderne AP-Navigatoren (Decca-Empfänger) können einfach in Betrieb genommen werden; das Eingeben einer ungefähren Position ist nicht mehr erforderlich.

oder an einer Tonne kein Problem. Manche Decca-Geräte (zum Beispiel APN 4, APN DS und APN Cruising von Philips) suchen sich die Position auch automatisch. Danach berechnen sie den Schiffsort selbständig weiter, je nachdem, wie weit sich die Yacht vom Ausgangsort entfernt.

Ungenauigkeiten, die im System selbst liegen, brauchen den Skipper nicht zu beunruhigen, denn sie sind so gering, daß fast jedes andere Navigationssystem im Vergleich schlecht abschneiden würde. Eine andere Sache ist, wenn die Position ungünstig zu den Senderketten liegt. Das passiert zum Beispiel im Kalmarsund zwischen der schwedischen Ostküste und der Insel Öland, wo keine präzisen Ergebnisse erzielt werden können. Zurückzuführen ist dies vermutlich auf den Umstand, daß die Senderkette nur mit zwei Nebensendern arbeitet; sonst sind drei üblich. Mit ähnlichen Ungenauigkeiten muß der Skipper in der Nähe von Steilküsten rechnen, beispielsweise in Norwegen.

Blindes Vertrauen in Elektronik ist gefährlich

Ausfälle und Ungenauigkeiten dürften dem guten, wenn auch unerfahrenen Navigator nichts ausmachen beziehungsweise sofort auffallen, wenn er sich nicht auf dieses System allein verläßt. Denn das wäre ein schwerer Verstoß gegen die Gesetze der Seemannschaft. Das heißt, er *muß* die Decca-Positionen fortlaufend (wenn es darauf ankommt, alle halbe Stunde) in die Seekarte eintragen. Dann wird ihm jeder Fehler (oder auch eine Fehlbedienung) sofort auffallen. Wenn der geringste Zweifel am richtigen Funktionieren besteht, ist Überprüfung durch Radar oder Kreuzpeilungen angebracht.

Blindes Vertrauen ist sicher die größte Gefahr beim Einsatz von Decca. Daran sind manche Werbebroschüren nicht ganz

schuldlos. Ich habe Segler erlebt, die von Navigation keine Ahnung hatten, aber trotzdem beruhigt losgeschippert sind, nachdem sie die Gebrauchsanweisung studiert hatten. Häufig nicht einmal das!

Die Amerikaner, die ich wegen ihres Blickes für das Wesentliche schätze, haben hierzu die Regel aufgestellt: „An Bord muß immer ein Reservesystem (Backup-System) vorhanden sein."

Wenn der Skipper mit dem Decca-Gerät zwar umzugehen versteht, beim Verlöschen der Anzeige – aus welchen Gründen auch immer – aber ratlos ist, dann verletzt er dieses Gebot sträflich. Nun könnte der betuchte Eigner natürlich auf die Idee kommen, als Backup-System ein zweites Decca-Gerät in die Navigationsecke zu schrauben. Reicht das?

Nein, das wäre kein Backup-System, denn der Fehler muß nicht unbedingt beim Decca-Empfänger liegen. Es kann vielmehr auch eine Senderkette fehlerhaft arbeiten. Dann geben selbst zehn Empfänger keinen Schiffsort mehr.

Trotzdem – Decca scheint ideal zu sein! Der Stromverbrauch spielt auch keine große Rolle mehr. Zwar muß Decca ständig mitlaufen, um von der Initialisierung an einen Standort anzeigen zu können. Aber da bei den neueren Geräten nur ein Zehntel des für die Kojenbeleuchtung benötigten Stroms fließt, wird ein ordentlich ausgelegtes (und gewartetes) Bordstromnetz nicht nennenswert belastet.

Wo ist sonst noch der Haken? Die Ostseesegler mit Decca an Bord wissen es: Es gibt keinen. Deshalb halte ich Decca dort, zumindest noch für die nächsten paar Jahre, für den wichtigsten elektronischen Helfer – nach Radar (vielleicht das noch etwas teure GPS ausgenommen).

Im Mittelmeer vereinfacht
Loran C die Navigation

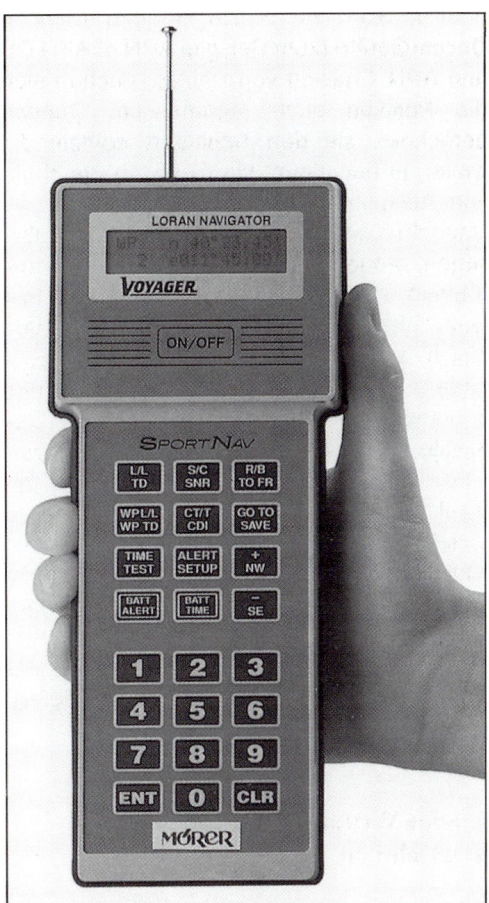

Der Mittelmeersegler muß sich bescheiden, denn das wundervolle Decca-System überdeckt die Ostsee, die Nordsee, den Atlantik bis nach Portugal. Aber kaum hat man den Felsen von Gibraltar in Sicht, ist der Spaß zu Ende. Im Mittelmeer gibt es keine Decca-Sender, so daß dort dieser Zauberkasten den Platz in der Navigationsecke sein Geld nicht wert ist. Was nun?

Die Lösung – nach Radar natürlich – heißt Loran C. Wenn die Empfangsbedingungen einwandfrei sind, bietet Loran C, obwohl es in der Funktionsweise mit Decca kaum zu vergleichen ist (wie so was funktioniert, ist für den Navigator uninteressant), ungefähr die gleichen Vorteile wie Decca. In einem Punkt ist Loran C Decca sogar überlegen. Während Decca den Schiffsort von der Ausgangsposition an fortlaufend weiterrechnet, also eingeschaltet bleiben muß, braucht der Navigator seinen Loran-C-Empfänger nur gelegentlich einzuschalten, um die Position abzulesen.

Im Bereich der Sender bekommt der Navigator seinen Schiffsort – wie bei Decca – nach Breite und Länge angezeigt. Fehler: meist weniger als eine Seemeile. Das gilt allerdings nur, wenn die Yacht sich im Bereich der sogenannten Bodenwelle befindet. Gerät sie in den Bereich der Raumwelle – das ist bei weiter Entfernung zu den Senderketten der Fall –, dann geht die Genauigkeit so weit zurück, daß herkömmliche Navigationsmethoden (außer Koppeln) dem Loran C überlegen sind.

Die Raumwelle ist auch schuld daran, daß Loran C während der Dämmerung durch Überlagerung der Bodenwelle praktisch

Moderner Loran-C-Empfänger mit der Möglichkeit, 100 Wegpunkte einzugeben. Ideal zur Mitnahme auf Chartertörns. Im Gegensatz zu Decca braucht der Loran-C-Empfänger nur bei Bedarf eingeschaltet zu werden.

nicht zu gebrauchen ist. Das ist aber kein echter Nachteil, der dieses seit vielen Jahren – auch in der Fliegerei – bewährte System in Frage stellen kann. Denn bei fortlaufender Beobachtung des Schiffsortes werden uns zwei fehlende Stunden in der Morgen- und in der Abenddämmerung nichts ausmachen. Das zeigt aber gleichzeitig, wie wichtig ein Backup-System (unsere Augen!) ist.

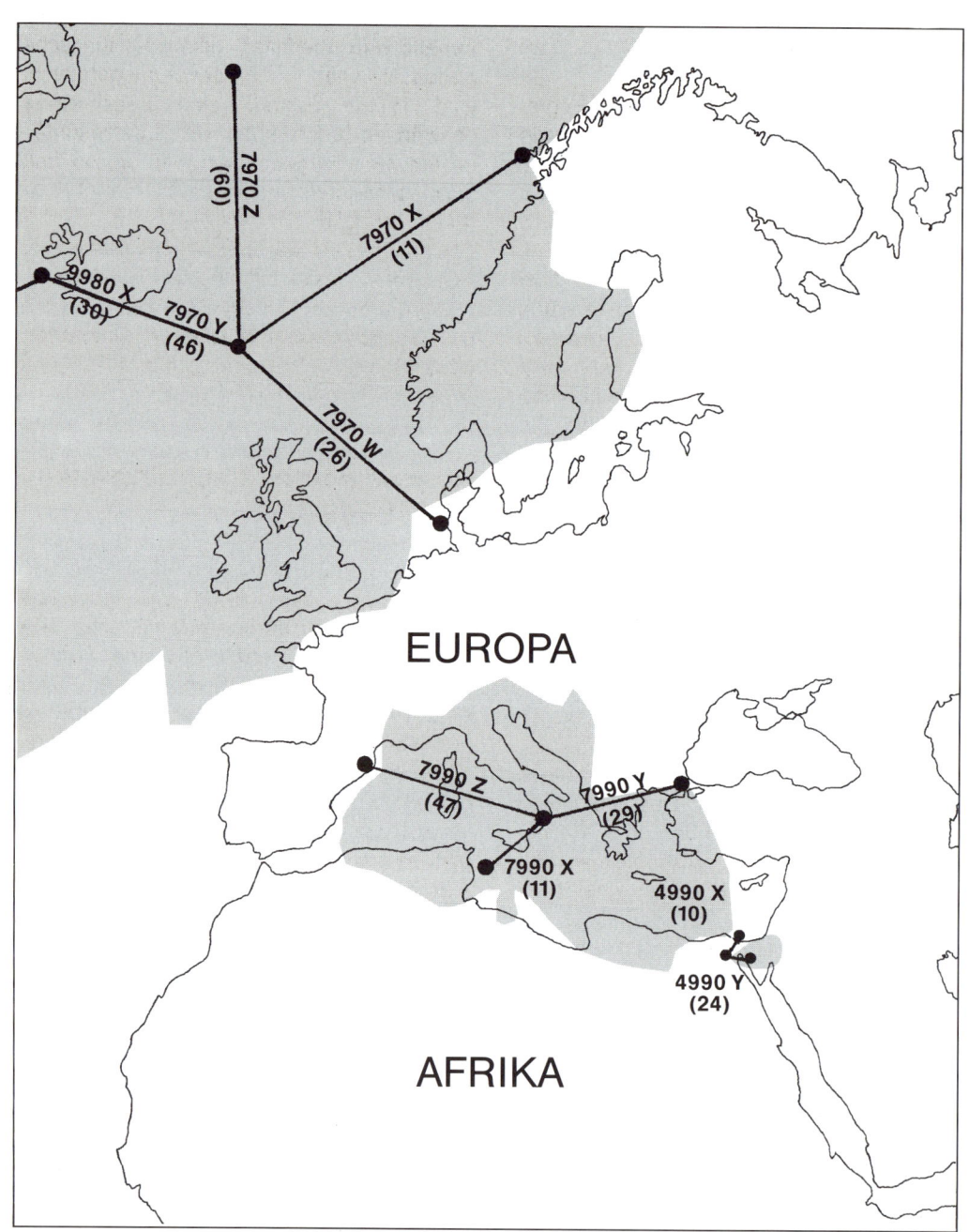

*Abdeckung Europas mit Loran-C-Sendern. Das
Mittelmeer ist mit Ausnahme des Bereichs südlich
von Malaga und der Straße von Gibraltar fast voll-
ständig mit Loran-C-Sendern abgedeckt. In der
Adria kommt es auf die richtige Auswahl der
Sender an.*

Schwachstellen von
Loran-C-Empfängern

Da sich die Mehrzahl der deutschen Segler im Mittelmeer tummelt, hat Loran C für die deutsche Fahrtensegelei dort mindestens die gleiche Bedeutung wie Decca in Nord- und Ostsee. Während offensichtlich alle Skipper mit Decca zufrieden sind – zumindest habe ich noch nie Klagen gehört –, liegt dies bei Loran C anders. Das Jammern, Loran C funktioniere nicht so richtig, kommt auffälligerweise fast ausschließlich aus der deutschsprachigen Szene an der Adria. Zwei von einschlägigen Fachleuten zugegebene Fehlerquellen erscheinen deshalb plausibel, weil es aus der Adria-Gegend andererseits auch rundum zufriedene Berichte gibt:

1. Loran C ist nicht gleich Loran C! Zwar funktionieren alle Loran-C-Geräte nach dem Prinzip der Laufzeitberechnung, doch erfordern die europäischen Senderketten eine andere Antennenanpassung als in Amerika. Wenn amerikanische Geräte in Europa unmodifiziert eingesetzt werden, können die ausgegebenen Schiffspositionen mit Fehlern behaftet sein. Deshalb bieten große amerikanische Firmen ihre Geräte häufig mit einem Antennenkoppler an, der auf europäischen Betrieb abgestimmt ist.

2. Loran C arbeitet mit Senderketten, die aus einem Hauptsender und mehreren Nebensendern bestehen. Das Adria-Problem wird vom Sender Kargaburun in der Türkei verursacht. Wenn bei der ersten Inbetriebnahme des Loran-C-Gerätes der Schiffsort auf 50 Seemeilen genau eingegeben wird, dann „fängt" der Empfänger automatisch den Hauptsender in Italien, Sellia Marina, sowie die Nebensender Lampedusa (Italien), Kargaburun (Türkei) und Estartit (Spanien). Weil aber die Radiowellen aus der Türkei lange über Land und hohe Gebirge laufen müssen, um in die nördliche Adria zu gelangen, wird deren Laufzeit verfälscht. Das ergibt die ungenauen Standorte.

Die Problemlösung ist einfach: Die Fangautomatik wird überlistet, indem der türkische gegen den spanischen Sender ausgetauscht wird. Seine Signale sind zwar etwas schwächer, doch kann der Laufzeitunterschied exakter gemessen werden, so daß sich ausreichend genaue Loran-C-Positionen ergeben.

Die optimale Ausrüstung für das Mittelmeer lautet also: Loran C plus Backup-System, während sich im nördlichen Europa Decca plus Backup-System empfehlen. Oder aber: GPS für beide Regionen, ohne Wenn und Aber!

Ab jetzt übernehmen Satelliten die Navigation

Bei der Satellitennavigation sind zwei vollkommen verschiedene Systeme zu unterscheiden, die beide ihre Informationen aus dem Weltraum beziehen: das „alte" Satnav- und das moderne GPS-System.

Satnav ist in Gewässern, in denen Decca oder Loran C zu Hause sind, unterlegen, und zwar hinsichtlich Zuverlässigkeit und Verfügbarkeit, wohl auch bezüglich der Genauigkeit. Letztere ist jedoch kein schwerwiegendes Argument gegen Satnav, denn ob der Schiffsort auf eine oder zwei Seemeilen genau ist, dürfte bei einem vorsichtigen Navigator keine große Rolle spielen. Er verläßt sich ohnehin nicht blind auf Schiffsorte – schon allein aus dem Grund, weil beispielsweise im Mittelmeer (auch bei häufig besegelten Gebieten) die Seekarten um eine Seemeile ungenau sein können.

Der Hauptnachteil von Satnav ist, daß Schiffsorte nicht fortlaufend angezeigt werden. Meist dauert es mindestens eine Stunde bis zum nächsten, gelegentlich auch länger. Bis zu fünf oder sieben Stunden haben Navigatoren schon warten müssen, bis kein „Bad Fix" mehr in der Anzeige stand. Entsprechend Murphys Gesetz passiert dies meist dann, wenn der Skipper nachts in

Riffnähe dringend auf den nächsten Schiffsort wartet.

Wenn aber weder Decca noch Loran C zu empfangen sind, dann ist Satnav plus Backup-System (Astronavigation) zum Beispiel für eine Atlantiküberquerung eine brauchbare Ausrüstung und für den Anfänger eine große Hilfe, zumindest Beruhigung. Aber welcher Anfänger segelt schon über den Atlantik? Warum eigentlich nicht? In navigatorischer Hinsicht ist ein solcher Blauwassertörn erheblich anspruchsloser als manche Segeltour in Küstennähe. Schließlich liegt für ein paar Wochen weder ein Riff noch eine Sandbank im Wege.

Das heißt aber nicht, daß ich heute noch die Anschaffung eines Satnav-Gerätes empfehle. Satnav ist out, was nicht bedeutet, daß es nicht noch einige Jahre von den Amerikanern betrieben und unterhalten wird. Es besteht also kein Grund, etwa eine Yacht aus zweiter Hand nicht zu kaufen, nur weil ein Satnav-Gerät an Bord ist, oder deshalb eine Yacht nicht zu chartern. Wenn aber der Segler noch die Wahl hat, dann gibt es nur eines: Global Positioning System, GPS.

Mit GPS mitten in der Zukunft

„Das GPS-System wird allen anderen Navigationssystemen (außer Radar) überlegen sein. Es wird hochgenau, einfach zu bedienen sein und jederzeit einen Schiffsort fortlaufend liefern. Die Geräte werden so groß sein wie ein Autoradio und preislich unter 2000 DM liegen. Decca und Loran C werden damit überflüssig.“

Diese Zeilen habe ich erst ein Jahr vor Erscheinen dieses Buches geschrieben, und schon ist zumindest ein Teil davon eingetroffen: Das autoradiogroße Navigationswunder Trimble TransPak GPS funktioniert sogar mit eingebauter Antenne und Batterien, wie sie in den Walkman eingesetzt werden. Nur der Preis . . .

Bei GPS ist es schwierig, die eigene Begeisterung zu zügeln, und geradezu krampfhaft muß man, um nicht einseitig zu erscheinen, auf die wenigen Nachteile dieses Systems – neben dem Preis (noch!) – hinweisen:

Das GPS-System ist ein künstliches System, von den Amerikanern installiert, das so genau ist, daß es sich vorzüglich (dafür ist es auch gedacht) für militärische Zwecke eignet. Aber eben nicht nur für die Amerikaner, sondern auch für deren Feinde in einer militärischen Auseinandersetzung. Das System könnte also in einem Krisenfall sofort manipuliert oder gar abgeschaltet werden.

Daß auch die Empfänger, selbst wenn sie noch so robust gebaut sind, wie jedes andere technische Gerät kaputtgehen können, ist selbstverständlich. Aber schon die Erwähnung des Stromverbrauchs als Nachteil von GPS ist an den Haaren herbeigezogen, denn anders als andere Navigations-Elektronik braucht GPS nur für wenige Minuten eingeschaltet zu werden, um den Schiffsort zu erhalten.

GPS steht heute praktisch rund um die Uhr zur Verfügung. 21 Satelliten zuzüglich ein paar Reservesatelliten sorgen dafür, daß auf jedem Punkt der Erde zu jeder Zeit die Position bestimmt werden kann, und zwar genauer als mit zahlreichen Seekarten. Merkwürdig: In der Seenavigation reichen Standorte mit einer Seemeile Genauigkeit praktisch immer aus; wenn aber bei GPS eine Genauigkeit von besser als 100 Meter garantiert ist oder auf der Anzeige des GPS steht „Position ± 30 Meter“, freut einen das doch.

Die Knopfdrucknavigation ist mit GPS erreicht: einschalten – ein bißchen warten – exakte Position ablesen. Keine Umrechnung, keine Korrektur, kein Wenn und Aber gibt es mehr bei GPS. Die Funktionsweise von GPS müssen wir nicht verstehen, alles ist zum Kinderspiel geworden. Trotzdem, um den größten Nutzen aus dem System ziehen und um das richtige Gerät anschaffen zu können, ist die Funktionsweise schon ein paar Gedanken wert:

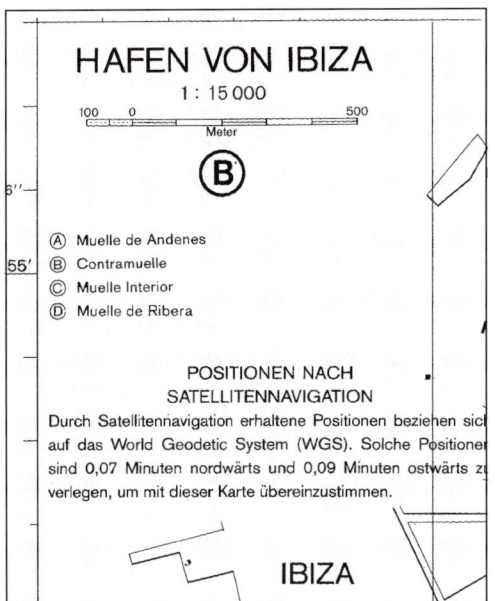

HAFEN VON IBIZA

1 : 15 000

100   0   500
Meter

(B)

Ⓐ Muelle de Andenes
55' Ⓑ Contramuelle
Ⓒ Muelle Interior
Ⓓ Muelle de Ribera

POSITIONEN NACH
SATELLITENNAVIGATION

Durch Satellitennavigation erhaltene Positionen beziehen sich
auf das World Geodetic System (WGS). Solche Positionen
sind 0,07 Minuten nordwärts und 0,09 Minuten ostwärts zu
verlegen, um mit dieser Karte übereinzustimmen.

IBIZA

In den Seekarten finden sich Hinweise, wie die GPS-Positionen einzuzeichnen sind. Das sind jedoch keine Korrekturwerte für die GPS-Messungen, denn die Seekarten sind für GPS nicht genau genug. Das macht aber in der Praxis nichts, etwas mehr als 100 Meter Korrektur können wir vergessen. Der Trimble TransPak und der AP-Navigator GPS können auf verschiedene „Kartendaten" umgeschaltet werden, um derartige Minikorrekturen überflüssig zu machen (siehe Seite 89).

Auch GPS hat nichts daran geändert: Eine Messung ist nur eine Standlinie. Die Satelliten sind im Weltall so positioniert, daß die Antenne des GPS-Empfängers immer mindestens drei Satelliten „sieht". Bei der Beschaffenheit der verwendeten Frequenzen ist es wichtig, daß vom künstlichen Himmelskörper tatsächlich eine Sichtverbindung zur Antenne besteht, so daß die Antenne des Empfängers nicht durch Aufbauten der Yacht oder ähnliches abgedeckt werden darf.

Der Empfänger kann nun – hört sich einfach an, ist aber recht kompliziert – mit Hilfe einer Atomuhr (im Satelliten) aus der Laufzeit eines Signals vom Himmel zur Yacht sehr genau die Entfernung zum Satelliten messen. Daraus bekommt der Empfänger dann schon eine Standlinie, in diesem dreidimensionalen Fall jene einer Kugeloberfläche.

Im Gegensatz zu dem, was wir bisher vom Schnittpunkt mehrerer Standlinien gelesen haben, müssen wir hier also nicht mehr flächig, sondern dreidimensional denken: Mit einer zweiten – automatischen – Messung eines zweiten Satelliten bekommen wir zwei Kugeloberflächen und können damit unseren Standort schon besser eingrenzen. Stellen wir uns zwei Tischtennisbälle vor, die wir ineinander drücken: Die Position liegt irgendwo auf einem Kreis.

Das hilft uns also immer noch nicht weiter, der Empfänger muß einen dritten Satelliten „zu Rate" ziehen.* Erst jetzt ergibt sich eine Position. Tatsächlich sind es zwei Positionen, aber die zweite ist so irreal, daß sie vom Empfänger eliminiert wird.

Da sich diese Berechnungen in Sekundenbruchteilen abspielen, bekommt der Navigator davon nichts mit. Er sieht nur das Ergebnis auf dem Display, die fertige Position nach Breite und Länge. Und nicht nur das! Auf vielen Empfängern wird auch gleich noch die Höhe über dem Meeresspiegel angezeigt. Was soll die?

GPS ist ein universelles System, das nicht nur für die Seefahrt, sondern auch für andere Zwecke installiert wurde. Später sollen beispielsweise Autos mit automatischen Lenksystemen ihre Position von GPS beziehen. Vor allem aber ist GPS für fliegende Objekte gedacht, bei denen naturgemäß die Höhe eine wichtige Rolle spielt. Daß auf See die Höhe nicht gebraucht wird, hat den Vorteil für uns, daß wir die Höhe per Hand mit „Null" eingeben können und dann mit einem Satelliten weniger auskommen.

---

* Tatsächlich ist ein weiterer Satellit deshalb erforderlich, weil die Uhren in den Empfängern, mit deren Hilfe die Laufzeit des Signals vom Satelliten zur Yacht in eine Entfernung umgerechnet wird, nicht ausreichend genau sind. Dieser zusätzliche Satellit übermittelt Korrekturwerte, damit die Uhr im Empfänger „auf dem laufenden" bleibt.

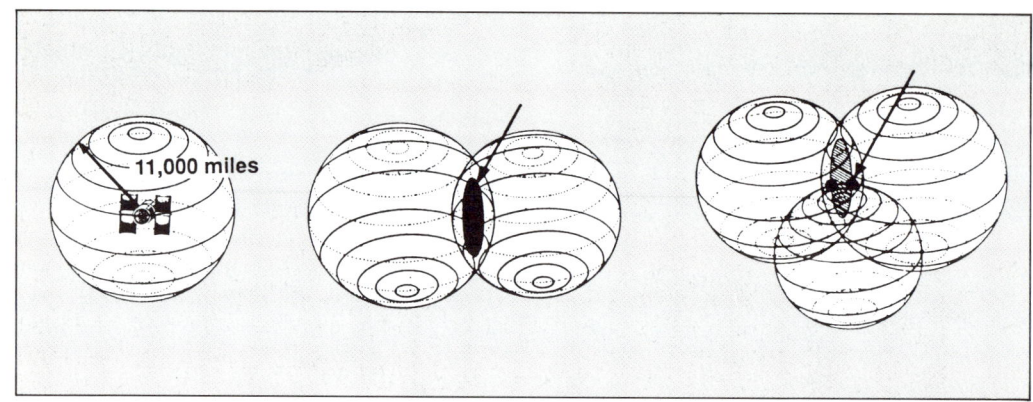

Bei der Messung des Abstands zu einem Satelliten ermittelt der GPS-Empfänger nur eine Kugel als „Standfläche" – hier zum Beispiel 11000 Meilen (links).
Zwei Satelliten ergeben noch keine Position, da es sich um dreidimensionale Kugeln handelt (Mitte) . . .
. . . erst bei drei Satelliten ergibt sich eine Position, genaugenommen sind es zwei Schiffsorte, wovon der eine vom GPS-Empfänger aber immer automatisch ausgeschlossen bleibt.

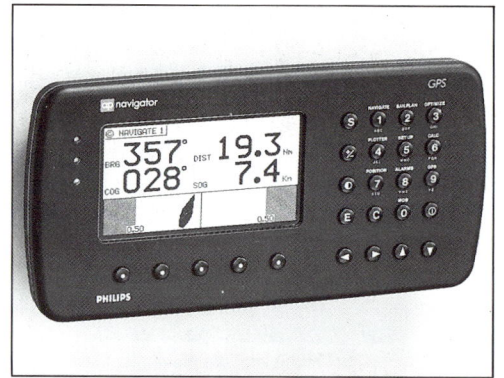

AP-Navigator GPS von Philips. Er zeigt auf dem Display an, was den Steuermann interessiert, nämlich Kurs und Geschwindigkeit zum Ziel, sogar die Abweichung vom Sollkurs. Sehr gutes Display mit zahlreichen Zusatzfunktionen!

Blitzschnell geht im Empfänger die Positionsberechnung vor sich, wenn er einmal die erste Position berechnet hat. Je nach Empfänger wird etwa jede Sekunde eine neue Position angezeigt, was weitere fantastische Navigationsmöglichkeiten eröffnet: Durch interne Berechnungen werden der Kurs und die Entfernung (und daraus die Geschwindigkeit) berechnet, so daß – wie auf dem Kompaß – auf dem GPS-Empfänger der Kurs, die Fahrt über Grund und die Geschwindigkeit in Knoten auf Zehntel genau abgelesen werden können. Log beziehungsweise Speedometer kann man deshalb auf einer mit GPS ausgerüsteten Yacht ersatzlos streichen, es sei denn, man möchte den Strom nach Stärke und Richtung bestimmen. Denn der ergibt sich aus der Differenz zwischen dem mit Log und gesteuertem Kurs ermittelten Koppelort und dem GPS-Ort.
Auf den Kompaß würde ich aus Sicherheitsgründen allerdings niemals verzichten!

Welcher Empfänger?

Weil für die nächsten Jahrzehnte GPS der Navigationsstandard schlechthin ist, gibt es bereits jetzt auf dem Markt eine ganze Reihe von Geräten, die sich für die Seefahrt eignen. Sie unterscheiden sich in der Genauigkeit kaum, wohl aber im Stromverbrauch und vor allem in ihren Zusatzleistungen. Ein Gerät, das „nur" den Schiffsort anzeigt, ist schon fast uninteressant, weil es aus den gebotenen Möglichkeiten einfach nichts macht. Andererseits sind auf einer kleinen Yacht vom Preis, vom Platz und vom Strom-

Das Navigationswunder: der Trimble TransPak GPS. Walkman-Batterien hinten rein, einschalten und Position ablesen, oder Geschwindigkeit, oder Kurs zum Ziel usw. Überall auf der Welt, 24 Stunden lang. In der Wüste, im Flugzeug oder auf See.

verbrauch her nach oben gewisse Grenzen gesetzt. Es gibt Geräte, die die jeweilige Position auf einer auf dem Bildschirm elektronisch eingespielten Seekarte anzeigen. Luxuriös und teuer!

Meine Vorliebe gilt dem kleinen Gerät Trimble TransPak, weil es meinen Vorstellungen von einem idealen Navigationsgerät entspricht. Hat man es auf der Anfahrt zum Chartertörn in der Tragetasche umgehängt, wird wohl jedermann auf einen Feldstecher tippen. Es ist für die Straße, die Luft und für das Wasser gleichermaßen geeignet.

Dementsprechend läßt sich das Display auch für Kilometer pro Stunde, für Knoten, für Meilen pro Stunde etc. einstellen. Schon im Auto auf der Fahrt zur Yacht kann man es auf das Armaturenbrett legen, wo es – genauer als der Tacho – die Geschwindigkeit in jedem Bereich anzeigt. So wie später im Cockpit auf dem Display die Geschwindigkeit in Knoten, der Kurs, selbst die Abweichung vom Idealkurs zum nächsten Hafen und die Entfernung dorthin erscheinen. Sogar die Anweisung an den Rudergänger, nach welcher Seite er halten soll, kommt vom GPS.

Ob man sich in der Karibik oder im Mittelmeer befindet, ist dem kleinen schwarzen Kasten im seewassergeschützten Gehäuse egal, die Mißweisung ist für die ganze Welt einprogrammiert. Auch darum braucht sich der Navigator nicht mehr zu kümmern.

Mit diesem kleinen Gerät in der Reisetasche interessiert mich die navigatorische Ausrüstung auf der Charteryacht nicht mehr, ich bringe meine Navigation mit. Auch die Stromversorgung ist kein Problem. Will man das Gerät ständig mitlaufen lassen, vor allem in der Nacht mit eingeschalteter roter Display-Anzeige, reichen die Walkman-Batterien nur ein paar Stunden, aber der mitgelieferte Stecker für den Zigarettenanzünder akzeptiert jede Spannung zwischen 12 und 32 Volt. Um den Aufstellungsort brauche ich mir keine Gedanken zu machen, denn an der Anzeige merke ich schnell, ob die „Sichtverbindung" zwischen eingebauter Antenne und Satelliten irgendwie gestört ist. Spätestens die Statusanzeige, die mir für 24 Stunden ein Fenster zu vier Satelliten verspricht, beweist, daß der Aufstellungsort richtig ist. Störungen durch Gewitter und Dämmerungseffekte gibt es bei GPS kaum. Nur Strahlen vom Radar-

gerät liegen mit GPS im Clinch, deshalb sollte der Abstand zur Radarantenne auf dem Achterschiff ein paar Meter betragen.

Selbstverständlich habe ich mir schon zu Hause in meinen GPS eine Reihe von Wegpunkten, also die Koordinaten von Häfen, Tonnen etc., einprogrammiert, so daß ich bei Bedarf den betreffenden Wegpunkt nur mit seinem Namen ins Display zu rufen brauche und mit Hilfe des Trimble TransPak sofort auf ihn zuhalten kann. Der vorhandene Platz für 99 Wegpunkte reicht für den Chartertörn oder ein ganz bestimmtes Revier sicher aus.

Und noch eine der fantastischen Möglichkeiten dieses handlichen Geräts: Sollte das Undenkbare einmal passieren, daß wir nämlich in die Rettungsinsel müssen, sind wir (zumindest in zivilisierten Gewässern) schon fast gerettet, wenn es uns gelingt, ein

Der NavTrac GPS von Trimble mit dreidimensionaler Anzeige des gesegelten Kurses.

UKW-Handfunkgerät und den Trimble TransPak mit in die Insel zu nehmen. Wann hat es so etwas schon mal gegeben?

Was bringt die Zukunft bei den GPS-Empfängern? Nichts wesentlich Neues mehr, denn GPS *ist* die Zukunft. Das sogenannte Differential-GPS, das aus Vergleichsmessungen in Schiffsnähe noch genauere Positionsbestimmungen ermöglichen wird, ist für uns von keiner praktischen Bedeutung, weil die jetzigen GPS-Geräte präzise genug sind. Verbesserungen oder, besser gesagt, zusätzliche Gags bei der Anzeige werden kommen, um dem Navigator ein noch plastischeres Bild von seinem Standort und dessen Umgebung zu bieten. Ziel wird sicher die elektronische plastische Seekarte mit allen wichtigen Navigationsdetails sein — des Navigators Wunschtraum eben.

Mißtrauen gegen Funkpeiler ist berechtigt

Ich habe mir vorgenommen, die Seiten nicht damit zu füllen, daß ich dem Neuling erzähle, was er nicht tun soll. Eine Ausnahme ist angebracht, denn womöglich kommt er auf die Idee, ich hätte eine elektronische Navigationshilfe vergessen: den Funkpeiler.

Jeder kennt den Effekt: Ein Transistorradio wird lauter oder leiser, je nachdem, wie man es dreht. Ursache ist die richtungsempfindliche Ferritantenne, die, entsprechend ihrer Stellung zum Sender, die Radiowellen in ihrer ganzen Energie oder nur teilweise aufnimmt. Nach diesem Prinzip hat man früher, vor Decca und Loran C, elektronische Standlinien („Geraden", die durch den Sender laufen) gewonnen.

Zu diesem Thema nur soviel: Trotz unangemessen aufwendiger Technik und immer mehr verfeinerter Berechnungen ist es letztlich nicht befriedigend gelungen, eine ausreichende Genauigkeit unter allen Bedingungen zu erzielen. Mehr als ein Mann auf dem Vorschiff, der mit dem Finger in eine bestimmte Richtung zeigt und ruft: „Dort drüben ist die Glockentonne!", war auch der teuerste Funkpeiler in der Praxis nicht wert. Das konnten selbst die preiswerten Handfunkpeiler. Wenn also auf einer Yacht so ein altmodisches Ding noch herumliegt, dann sollte es nur mit größter Vorsicht benutzt werden, vielleicht dann, wenn — selten genug — direkt am Hafen ein Funkfeuer zum Heimfahren steht, auch *homing* genannt. Unter keinen Umständen aber darf der Funkpeiler während der Dämmerung benutzt werden, die Standlinien können völlig falsch sein. Nicht um 10° oder 20° kann man danebenliegen, sondern auch mal um 90°. Also indiskutabel!

10

Die Navigationscomputer

Die Computer der neueren Generation sind nicht viel größer als Taschenrechner, arbeiten mit normalen Walkman-Batterien und sind doch so leistungsfähig wie die Personal Computer zu Hause auf dem Schreibtisch. Der PC-3000 kostet nur noch cirka 600,– DM. Doch erst die Software macht sie zu geeigneten und überaus leistungsfähigen Navigationscomputer.

„Für mich ist ein Computer ungeeignet, davon verstehe ich nichts. Außerdem war Rechnen auch in der Schule mein schwächstes Fach." So oder ähnlich hört man es häufiger, doch das ist ganz falsch! Gerade für diejenigen, die meinen, jede Zahl sei dazu da, um verwechselt zu werden, gerade für die sind die kleinen Computer erfunden worden. Speziell die Anfänger in der Navigation, für die dieses Buch in erster Linie gedacht ist, sollten Taschencomputer benutzen. Denn damit können sie sich an Navigationsmethoden heranwagen, die früher den Leuten vorbehalten waren, die Zeit genug hatten, sich ein halbes Jahr oder länger auf die Schulbank zu setzen.

Und ein toller Nebeneffekt ist auch dabei: Der Anfänger wird mit dem Taschencomputer schneller, genauer, ja letztlich zuverlässiger rechnen, als es der professionelle Navigator „per Hand" je konnte. Klar, es gibt immer noch Miesmacher, die die Begeisterung für die elektronischen Helfer zu dämpfen versuchen, die ständig auf die Unzuverlässigkeit der Rechner hinweisen. Die möchte ich einmal sehen, wenn ihr nächster Bankauszug nicht als Computerausdruck, sondern handgeschrieben ins Haus flattern würde. Oder die Telefonrechnung! Oder die Aufstellung der Heizkosten! Oder wenn die Dame an der Supermarktkasse zu Bleistift und Papier greifen würde, anstatt die einzelnen Posten in die Kasse zu tippen.

Keine neuen Navigationsmethoden durch Computer

Computer werden immer leistungsfähiger. Heute können wir an Bord bereits „Rechenmaschinen" einsetzen, deren Leistungsfähigkeit ausreicht, mittlere Betriebe EDV-mäßig zu organisieren. An Bord sind nämlich auch ausgewachsene Personal-Computer, wie sie bald in allen Büros und Haushalten stehen werden.*

An Bord werden wir natürlich nicht so sperrige Kästen mit Fernsehschirm mitführen, denn für diesen Zweck setzen sich in letzter Zeit die sogenannten Laptop- oder Notebook-Computer, noch besser die Palmtop-Computer durch. Das sind vollwertige, ausgewachsene Computer, was die Leistung betrifft, aber sie sind kleiner. In der Navigationsecke werden sie mit 12 Volt betrieben. Sie wiegen keine drei Kilogramm, werden bei Nichtgebrauch in den Kartentisch gelegt und kosten zum Teil schon unter 1000 DM. Vom Preis sollten wir uns nicht abschrecken lassen, denn sie können neben der Navigation noch andere Aufgaben erledigen — auch an Bord. Zum Beispiel Wetterkarten empfangen und auf dem (Plasma-)Bildschirm zeigen, als Schreibmaschine dienen, während verregneter Ankertage als Schachcomputer gegen den Skipper spielen usw. Immer vorausgesetzt, daß die richtige Software an Bord ist. Uns interessiert hier nur die Navigation.

In einem haben die Anhänger von Hand- und Kopfrechnerei, von Logarithmentafeln und Rechenschieber recht: Die Computer mit Batteriebetrieb brachten in der Navigation nichts Neues. Nicht *eine* neue Navigationsmethode erfanden die Programmierer hinzu. An dem Naturgesetz, daß sich der Schiffsort immer aus dem Schnittpunkt mindestens zweier Standlinien ergibt, haben sie nichts ändern können. Aber einige Navigationsmethoden, die der Skipper wegen der umständlichen Berechnungen nach Möglichkeit vermieden hat oder die wegen der langen Rechnerei per Hand in der Bordpraxis nicht angewendet werden konnten, sind dank Computer plötzlich wieder aktuell.

---

* Nur Computer kaufen, die mit dem DOS-Betriebssystem laufen. Das Betriebssystem ist so etwas Ähnliches wie das VHS-System bei Videokassetten. Nur wenn der Computer unter DOS läuft, steht ihm das weltweit mit Abstand größte Software-Angebot zur Verfügung.

Ein solcher Hit ist zum Beispiel die Standortbestimmung nach Pothenot. Hinter diesem fremden Namen verbirgt sich die simple Doppelwinkelmessung, die, von jeher in Navigationskursen gelehrt, fast nie praktisch angewendet wurde. Die komplizierte zeichnerische Auswertung stand dem Einsatz in der Praxis im Wege. Was schade ist, denn bei der Doppelwinkelmessung handelt es sich um die präziseste terrestrische Ortsbestimmung. Sie erreicht einen ähnlichen Genauigkeitsgrad wie beispielsweise Decca, ist aber viel zuverlässiger als jede Elektronik und dabei billiger.

Auswertung der Doppelwinkelmessung ist kinderleicht

Bei der Doppelwinkelmessung werden die Winkel zwischen drei Peilobjekten an Land gemessen. Zur Messung benutzt man einen

Ein bewährter Plastiksextant, der für die terrestrische Navigation völlig ausreicht. Mit der richtigen Software kann damit auch der Anfänger astronomisch navigieren. Ein vielseitiges Instrument, das auf keiner Yacht fehlen sollte, zumal es kaum mehr als ein Peilkompaß kostet.

Sextanten, der nichts anderes ist als ein Winkelmeßinstrument. Ein Plastiksextant tut es allemal (einen Davis-Primitivsextanten zum Beispiel gibt es schon für den gleichen Preis wie einen Peilkompaß). Seine Genauigkeit reicht für die Pothenot-Methode aus (und zum Sonnenschuß übungshalber taugt er auch). Das einzige, was der Navigator sonst noch braucht, um zu einem genauen Schiffsort zu kommen, sind drei bekannte Peilobjekte und deren Koordinaten sowie ein Computer, der diese Methode beherrscht.

Die Software macht die Musik

Hier muß klargestellt werden, daß irgendein elektronischer Rechner oder Computer allein nichts bewirken kann, auch wenn er programmierbar ist. Er ist hilflos wie ein Kassettenrecorder ohne Kassette. Die „Software" – die bespielte Kassette oder eben das Programm in einem Modul oder auf einer Scheibe (Diskette) – macht erst die Musik. Theoretisch könnte man den Pothenot zwar auch mit einem elektronischen Rechner ausrechnen, aber das würde so lange dauern, daß bis dahin der Schiffsort längst nicht mehr aktuell wäre, ganz abgesehen von der Wahrscheinlichkeit, daß sich der Navigator verrechnet oder vertippt. Das wäre insgesamt noch unsicherer und zeitraubender als eine zeichnerische Lösung, die ja schon wegen ihrer Umständlichkeit nicht angewendet wurde.

Zur Computerlösung müssen wir die genauen Standorte der Peilobjekte, also ihre Koordinaten, kennen und in den Rechner eintippen. Denn der Computer ist ja so dumm, daß er, im Gegensatz zu uns, die Seekarte nicht lesen kann. Wenn er die Koordinaten aber erst einmal intus hat, dann brauchen wir ihn nur noch mit den beiden Winkelmessungen zu füttern, und er spuckt – nach einer Bedenkzeit – den Schiffsort nach Breite und Länge aus.

Für die Doppelwinkelmessungen reicht eine Genauigkeit von einem halben Grad, also von 30' aus. Jeder Sextant, der seinen Namen verdient, mißt besser.

Nur ein Fehler kann die Messung arg verfälschen: Der Sextant muß waagerecht gehalten werden. Wird der Winkel zwischen einem Berggipfel und einer niedrigen Felshuk gepeilt, dann wird nicht etwa der Winkel zwischen den beiden Kartenpositionen gemessen. Der gemessene Winkel ist viel zu groß. Es kommt vor, daß ein Peilobjekt aus diesem Grunde zur Schiffsortbestimmung mittels Doppelwinkelmessung nicht herangezogen werden kann.

Stellvertretend für einige Navigationscomputer wird hier ein vom Autor entwickeltes Navigationsprogramm vorgestellt, das auf jedem Laptop- oder Notebook-Computer läuft und in anderer Form auch im Taschencomputer Sharp PC 1600 eingesetzt wurde. Damit hat der Navigator die Möglichkeit, Peilobjekte, Zielorte oder beliebige Wegpunkte mit einem frei wählbaren Namen schon bei der Törnvorbereitung zu speichern. Dies hat den Vorteil, daß das tippfehlerträchtige Eingeben der Koordinaten nur einmal erfolgen muß. Anschließend können die Peilobjekte beliebig oft mit ihrem Namen oder einer Kurzbezeichnung aufgerufen werden.

Zwei Winkeleingaben – und der Schiffsort ist fertig

Wie einfach das geht (und ohne jegliches Computerwissen), zeigt folgendes Beispiel in unserer Übungsseekarte:

Der Skipper möchte zum Feuer von Vedrá an der SW-Seite von Ibiza segeln. In den Computer gibt er dieses Feuer mit dem Namen „vedra" und die Seekarten-Koordinaten von Vedrá mit 38°51,6'N 001°11,2'E ein. Dazu tippt er noch folgende drei identifizierten Peilobjekte in den Computer ein: das weithin

sichtbare Feuer Aero am Flughafen von Ibiza als „aero" mit 38°52,8'N 001°22,2'E, das Feuer Ahorcados als „ahorcados" mit 38°49,0'N 001°24,7'E sowie den Torre Gabina als „gabina" mit 38°43,2'N 001°23,0'E.

Damit ist die Hauptarbeit am Computer schon fast erledigt, denn die Vorbereitungen für eine exakte Schiffsortbestimmung sind getroffen. Der Grund, warum eigens die drei Peilobjekte in das Wegpunktverzeichnis des Computers eingegeben wurden, ist die Möglichkeit, diese Peilobjekte später beliebig oft aufrufen zu können, ohne jedesmal das fehlerträchtige Eingeben der Koordinaten wiederholen zu müssen.

Die Yacht nähert sich nun bei wenig Wind dem Feuer von Vedrá. Mit dem Sextanten wird zunächst der Winkel zwischen „aero" und „ahorcados" mit 27°00' und dann der Winkel zwischen „ahorcados" und „gabina" mit 44°00' gemessen.

Die Frage nach Kurs und Entfernung nach Vedrá löst der Computer narrensicher und in wenigen Sekunden. Zunächst ruft der Navigator den Zielort Vedrá mit „vedra" auf – man sieht den Vorteil der vorherigen Ablage der Koordinaten in einer Wegpunktdatei: Die mühselige Zahleneintipperei ist schon erledigt.

Auf die Frage nach dem linken Winkel gibt der Navigator die mit dem Sextanten gemessenen 27°00' ein und als rechten Winkel die gemessenen 44°00'. Der Computer gibt daraufhin die Schiffsposition mit 38°45,27'N 001°14,89'E an. Der Kurs nach Vedrá beträgt 335,6°, also 336°, und die Entfernung 7 Seemeilen.

Der eigentliche Vorteil der vorherigen Eingabe der Wegpunkte erweist sich in der Praxis, wenn im Verlauf des Törns weitere Standorte „ausgerechnet" werden sollen: Der Navigator mißt mit dem Sextanten die beiden aktuellen Winkel und füttert den Computer nur noch mit den beiden Zahlen. Der neue Standort steht fertig auf dem Display des Elektroniksklaven. Das geht genauso

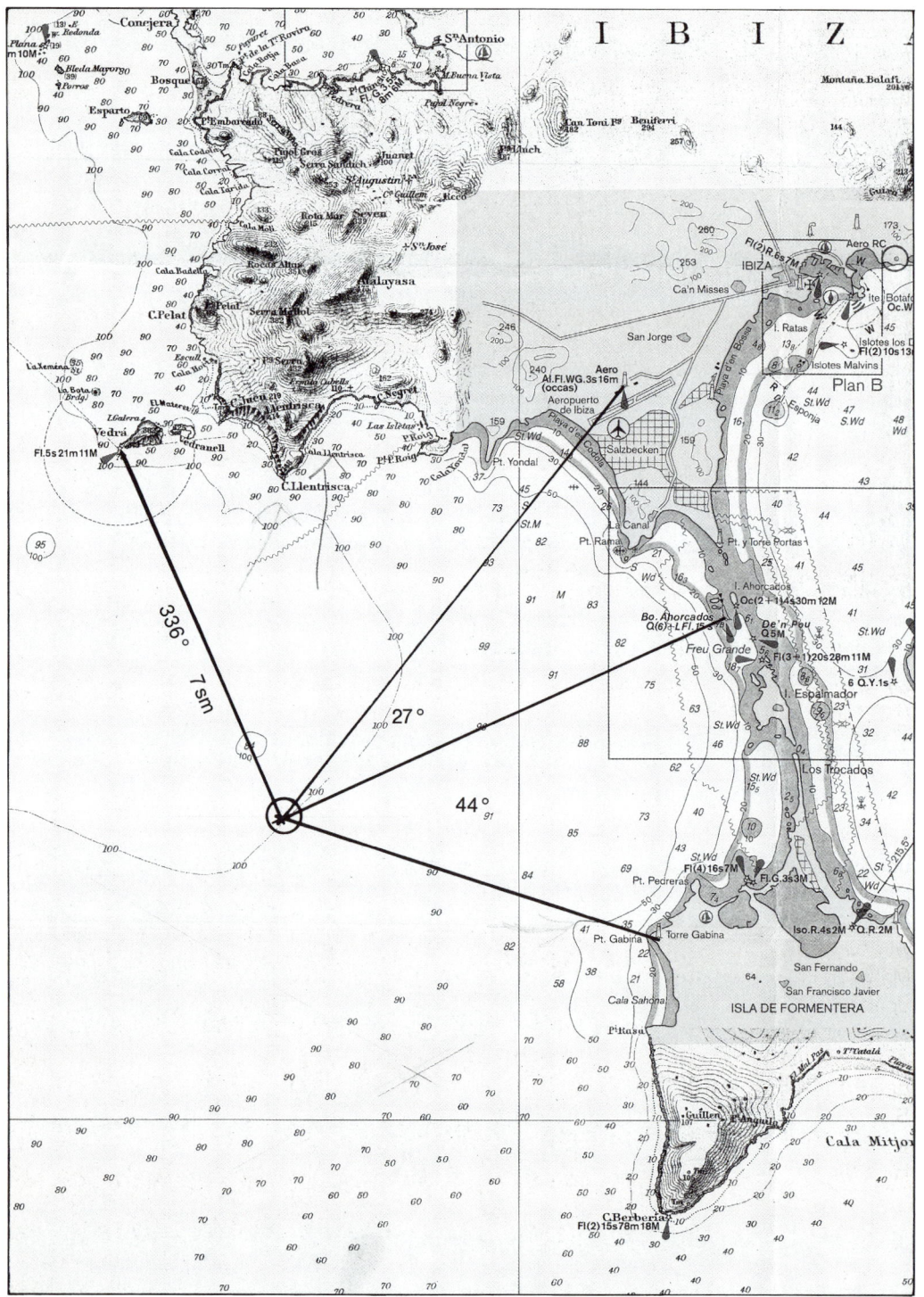

Mit Aero, Ahorcados und Gabina stehen drei hervorragende und eindeutige Peilobjekte zur Verfügung. Mit dem Sextanten wird der Winkel zwischen Aero und Ahorcados mit 27°00' und der Winkel zwischen Ahorcados und Gabina mit 44°00' gemessen. Die Messung dauert eine Minute, der Lohn ist ein exakter Schiffsort wenige Sekunden später − dank des Computers mit dem Programm NavTools.

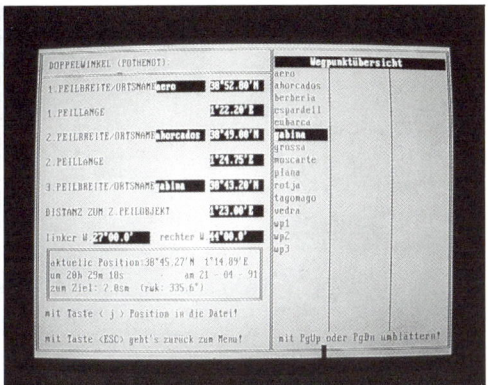

Auf dem Bildschirm werden rechts in der Wegpunktübersicht lediglich „aero", „ahorcados" und „gabina" angeklickt und „2700" sowie „4400" eingegeben − fertig sind Schiffsort und Kurs/Entfernung zum Ziel. Von der Eingabe bis zum Ergebnis dauert das nur zehn Sekunden. So genau und fehlerfrei arbeitet nur der Computer.

schnell wie das Koppeln, ist aber zuverlässig und extrem genau.

Dieses Beispiel zeigt, was der Computer dem Anfänger, aber auch dem Könner wirklich gebracht hat. Die supergenaue Methode nach Pothenot gibt es schon lange, doch verwendet hat sie kaum einer, weil sie so kompliziert ist.

Ähnlich ist es bei einer ganz anderen Navigationsmethode, die einst als die Hohe Schule der Standortbestimmung angesehen wurde, nämlich der Positionsbestimmung mit Hilfe der Gestirne.

Auch der Anfänger kann mit der Sonne navigieren

Astronomische Navigation für Anfänger? Sonnenmessungen bei Landsicht? Warum nicht?

Manch stolzer C-Schein-Inhaber wird sich bei dieser Vorstellung ärgern. Hat er nicht einen Winter lang auf der Schulbank gesessen, um mit Hilfe der Nautischen Tafeln von Fulst oder der HO-Tafeln stundenlang mühsam eine Sonnenstandlinie zu errechnen? Oder wurden nicht Kurzanweisungen oder Astro-Kochrezepte wie Geheimtips gehandelt, um sich die mühsame Semiversus-Rechnerei zu erleichtern? Und jetzt soll etwa ein Navigationsanfänger seinen Schiffsort mit der Sonne, gar mit dem Mond ermitteln können?

Warum nicht? Niemand käme auf die Idee, zum Beispiel den AP-Navigator (Decca oder GPS) dem Anfänger deshalb vorzuenthalten, weil die Berechnungen im Gerät zu umständlich sind. Genauso blödsinnig wäre es, dem Anfänger die Navigation mit den Gestirnen zu verwehren, nur weil die Berechnungen im Computer zu kompliziert sind.

Das Messen des Winkels zwischen Kimm und Gestirn kann man ohnehin nicht auf der Schulbank lernen. Nur die praktische Übung mit dem Sextanten macht den Meister. Mancher Anfänger oder manche Anfängerin stellt sich dabei geschickter an als ein Theorie-Navigator mit höheren Schein-Weihen. Wenn die Meßgenauigkeit nach ein paar Tagen besser ist als drei bis zwei Winkelminuten, was einer Ungenauigkeit der Standlinie von drei bis zwei Seemeilen entspricht, liegt man mit einer Sonnenstandlinie genauer als mit einer Kompaßpeilung aus weiter Entfernung. Und zum Identifizieren einer Peilmarke, eines Berggipfels beispielsweise, reicht das allemal.

Alles, was man braucht, ist ein Sextant, die genaue Zeit (dazu gehört auch das Datum), ein entsprechend programmierter Computer und der ungefähre Schiffsort. Ein besserer Sextant (wenn möglich ein Vollsichtsextant, der macht das Messen wirklich leicht) wäre für die Astronavigation schon wünschenswert, zumal das Messen mit einem Plastiksextanten schwieriger ist als mit einem solchen aus Metall. In der Gebrauchsanweisung für den Sextanten kann man nachlesen, wie man die Sonne (oder sonst ein Gestirn) mißt. Daran sollte man sich genau halten, insbesondere beim Visieren der Sonne einen Bogen um die Fernrohrachse beschreiben, denn Meßfehler bringen leicht zusätzliche Fehler von fünf bis zehn Seemeilen.

Die genaue Uhrzeit erhält man per Fernseher, Telefonansage oder vom Radio. Im übrigen sind nur Quarz-Armbanduhren geeignet, gleichgültig, ob billig oder teuer. Erforderlich ist in der Astronavigation nur die Weltzeit, das ist die deutsche Sommerzeit minus zwei Stunden (oder die mitteleuropäische Zeit minus eine Stunde). Aber bitte das Zeitproblem nicht zu eng sehen! Ein Fehler von einer Sekunde bringt nur eine zusätzliche Ungenauigkeit von einer viertel Seemeile. Größere Abweichungen sind vermeidbar, wenn man die Uhrzeit auf der Digitalanzeige der Quarzuhr gelegentlich mit einem Zeitzeichen vergleicht.

Der Computer muß so programmiert sein, daß der Navigator nur den geschätzten Schiffsort, Uhrzeit, Datum und gemessenen Winkel eingeben muß, um fix und fertig die Standlinie zu erhalten. Da der Taschencomputer nicht zeichnet, gibt er die Standlinie mittels Zahlen an, also entweder mit den Koordinaten zweier Punkte, durch die die Standlinie verläuft, oder mit Hilfe der Standlinienrichtung und eines Punktes, durch den in der Seekarte die Standlinie gezeichnet wird.

Computerprogramme, die nicht die endgültige Standlinie auswerfen, sondern irgendwelche Zwischenergebnisse, sind für den Navigationsanfänger — und nicht nur für den — ungeeignet.

Der Schiffsort muß nur auf 30 bis 50 Seemeilen genau bekannt sein, was in der Küstennavigation kein Problem sein dürfte. Zur Beruhigung vieler ängstlicher Navigatoren: Sollte der ungefähre Standort ausnahmsweise mal noch ungenauer sein, dann erhält man aus dem Computer nicht etwa eine falsche Standlinie, sondern eine ungenaue, aus der zu schließen ist, wo der ungefähre Schiffsort tatsächlich liegt. Bei der Rechenwiederholung mit einem besseren „geschätzten" Schiffsort wird die Standlinie dann genau.

Der Schiffsort ergibt sich — das ist das Naturgesetz in der Navigation schlechthin — aus dem Schnittpunkt mindestens zweier Standlinien, wobei eine Standlinie aus einer Gestirnsmessung mit jeder anderen Standlinie kombiniert werden kann, selbstverständlich auch mit einer weiteren astronomischen Standlinie. Der Computer hat daran nichts geändert: Die Standlinien sollen sich in einem Winkel von mehr als 25° oder 30° schneiden. Daraus ergibt sich schon, daß der Navigator die Sonne nicht in Fünf-Minuten-Abständen messen kann, denn dann hat sie sich kaum vom Fleck gerührt. Zwei Stunden später allerdings steht sie ganz woanders, wir bekommen eine zweite Sonnenstandlinie mit einer ganz anderen Richtung, damit einen guten Schnittwinkel zweier Standlinien. Denn Gestirnsstandlinien verlaufen immer senkrecht zur Himmelsrichtung.

Aber was schreibe ich da soviel? Probieren Sie es halt mal auf dem nächsten Urlaubstörn mit der Sonne! In einem Punkt ist die Navigation mit Gestirnen sogar leichter als mit irgendwelchen Landmarken, denn Sonne oder Mond* können mit anderen Peilobjekten nicht verwechselt werden. Es gibt

---

* Dem Computer ist es egal, ob er Sonne, Mond oder andere Gestirne verrechnet. Am Tag ist der Mond leicht zu messen und gibt als Halbmond mit der Sonne gleich einen Schiffsort (zwei Standlinien). Nachts darf der Mond nicht verwendet werden, weil er den Horizont überstrahlt. Sterne sind schwierig, nichts für Anfänger.

STANDLINIE AUS MESSUNG EINES GESTIRNS:

			USONN
			VENUS
BREITE/ORTSNAME	wp5	14°20.00'N	MERKU
			1)Si
LäNGE		46°30.00'W	2)An
			3)Sc
WELTZEIT (Taste ⟨t⟩ =jetzt)		14h 22m 10s	4)De
			5)Mi
DATUM		12 - 12 - 95	6)Ac
			7)No
SEXTANTWINKEL		51°14.0'	8)Ha
			9)Me
GESTIRN		USONNE	10)Al

Standlinienrichtung: 256.1°   11)Al
Unterschied ist 2.6 SM   12)Ri
                                        13)Ca

```
mögliche Position:14°22.52'N  46°30.64'W    14)Be
um 14h 22m 10s             am 12 - 12 - 95   15)b-
zum Ziel: 760.0sm  (rwk: 266.3°)            16)e-
```
                                        17)B
mit Taste ⟨ j ⟩ Position in die Datei!   18)C
                                        19)g
mit Taste ⟨ESC⟩ geht's zurück zum Menü! 20)S

So einfach ist die Berechnung einer astronomischen Standlinie: Der Skipper hat seine Position mit
14°20'N und 46°30'W geschätzt. Am 12. Dezember 1995 um 14 Uhr 22 Minuten und 10 Sekunden
Weltzeit hat er den Sonnenunterrand mit dem Sextanten in einem Winkel von 51°14' gemessen und diese
Werte in den Computer eingetippt. Das kann jedes Kind! Schon ist auf dem Bildschirm des Computers
die Standlinie fertig!

ASTROFIX MIT ZWEITER GESTIRNSMESSUNG:

versegelte DISTANZ	12
versegelter KURS	220°
WELTZEIT (Taste ⟨t⟩ =jetzt)	17h 15m 34s
DATUM	12 - 12 - 95
SEXTANTWINKEL	39°44.0'
GESTIRN	USONNE

Standlinienrichtung: 312.1°
Unterschied ist 10.3 SM

aktuelle Position:14°16.31'N   46°26.13'W
um 17h 15m 34s   am 12 - 12 - 95
zum Ziel: 763.9sm (rwk: 266.8°)

mit Taste ⟨ j ⟩ Position in die Datei!
mit ⟨ ESC ⟩ zum Menü
oder ⟨ g ⟩ drücken, wenn Grafik gewünscht

USONN
VENUS
MERKU
1)Si
2)An
3)Sc
4)De
5)Mi
6)Ac
7)No
8)Ha
9)Me
10)Al
11)Al
12)Ri
13)Ca
14)Be
15)b-
16)e-
17)Be
18)Ca
19)g
20)S

Anschließend ist er 12 Seemeilen in einer Richtung von 220° weitergesegelt. Um 17 Uhr 15 Minuten 34 Sekunden Weltzeit hat er die Sonne nochmals unter einem Winkel von 39°34' gemessen und auch diese Werte in den Computer eingegeben. Schon zeigt der Computer die Position an.

kaum ein größeres Erfolgserlebnis als die erste Sonnenstandlinie. Sie müssen den staunenden Mitseglern ja nicht verraten, wie einfach sie gewesen ist. So einfach wie die Navigation, wenn man sich nur aufs Ankommen beschränkt.

11

Der erste Törn

Für jeden Segler ist der Augenblick unvergeßlich, wenn die Yacht zum erstenmal zwischen den Hafenmolen hindurch auf das offene Wasser hinausläuft und von diesem Moment an die Verantwortung für das sichere Ankommen auf seinen Schultern lastet.

Später wird er vielleicht über seine Nervosität in diesem Moment lächeln. Einige aber denken mit größtem Unbehagen daran zurück, wenn nämlich irgend etwas schiefgegangen ist. Dabei hätte es sich doch so leicht vermeiden lassen . . .

Mit einer gründlichen Vorbereitung lassen sich die meisten navigatorischen Probleme von vornherein in den Griff bekommen. Das beginnt schon bei der Planung des Törns.

Die ersten Ziele sollten unbedingt danach ausgesucht werden, wie einfach die Navigation dorthin ist, und nicht etwa danach, wie gut die Einkaufsmöglichkeiten im Zielhafen sind. Ungeeignet sind auch Ziele, wo man sich nur bei bestimmten Wetterlagen aufhalten kann. Der Navigator, erst recht der Anfänger, darf sich in dieser Hinsicht niemals

unter Druck setzen lassen: Muß er auf einem Ankerplatz wegen einer ungünstigen Winddrehung – vielleicht noch in der Nacht – ankerauf gehen, wird seine Navigation nicht mehr vom besten sein.

Die ersten eigenverantwortlichen Törns sollen nämlich auch dazu dienen, um Routine und Sicherheit in der Navigation zu erlangen. Aus Fehlern lernt man, das gilt besonders in der Navigation. Noch besser ist es aber, die Navigation von vornherein so anzulegen, daß gar keine Fehler gemacht werden. Das hängt in erster Linie von der Planung ab.

Es gibt zwei Todfeinde für eine gute Navigation: Zeitdruck und Angst. Angst (Nervosität ist das gleiche) kommt dann auf, wenn der Mensch von mehreren Seiten her belastet wird. Mental sind wir für Mehrfachbelastungen nämlich nicht sehr gut geeignet. Deshalb sollten wir schon bei der Planung des ersten Törns darauf achten, daß wir allenfalls von der Navigation her belastet werden, nicht aber auch noch von Sturm oder einer defekten Maschine.

Aus diesen Gründen verbietet es sich von selbst, bei schlechtem Wetter auszulaufen. Lieber wählt man für das erste Navigationserlebnis einen Sonnentag mit Flaute, als daß die Mannschaft schon beim Verlassen des Hafens fragt, ob nicht besser gereft werden sollte. Unter Maschine und auf geraden Kursen läßt es sich ohnehin bequemer navigieren. Daß das Auslaufen bei vorhergesagtem Nebel für den Navigationsanfänger absolut tabu ist, muß wohl nicht eigens hervorgehoben werden.

Einmal unterwegs, zahlt sich eine gründliche Törnvorbereitung immer aus. Dem Anfänger rate ich, die hauptsächlich in Frage kommenden Kurse noch im Hafen aus der Karte herauszumessen und aufzuschreiben, sie notfalls mit Bleistift ganz zart in die Karte einzutragen.

Wichtig ist es auch, sich noch vor dem Auslaufen ein geistiges Bild von der Strecke und vom Ziel zu machen. Hierfür sind von unschätzbarem Wert Handbücher für die Sportschiffahrt, die es für nahezu jedes Gebiet gibt. Die offiziellen Seehandbücher eignen sich für unsere Zwecke nicht so gut, weil sie in erster Linie für die Großschiffahrt gedacht sind und deshalb viele für uns miß-

Puerto El Espalmador, eine hervorragende Ankerbucht im Süden der Isla Espalmador, wie sie aus Plan C in der Seekarte 681 ersichtlich ist . . .

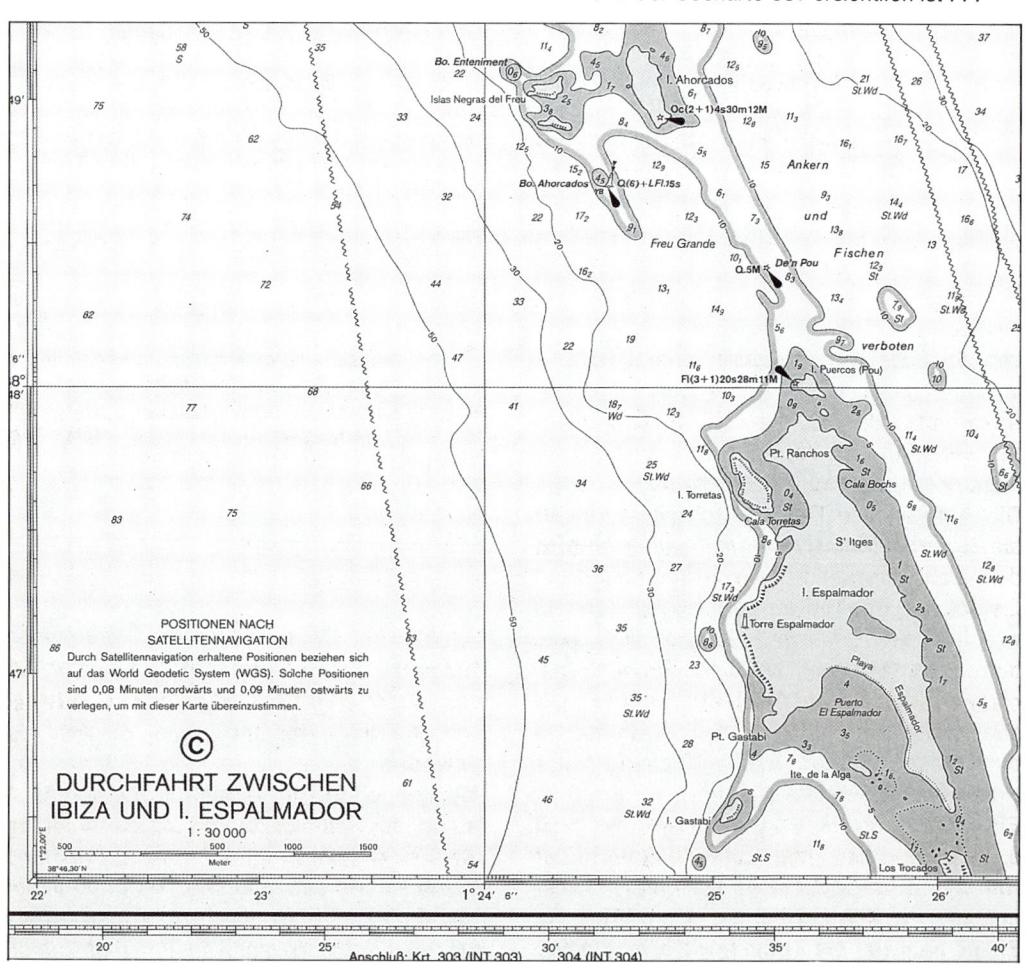

Insel Espalmador und Puerto del Espalmador

38°46,7′N, 001°25,5′E

Die weiträumige Bucht Puerto del Espalmador, geschützt gegen alle Winde außer Südwest, macht bei der Ansteuerung keine Probleme. Der felsigen Westküste der Insel näherkommend, die hier über 20 m hoch ist, erkennt man deutlich einen alten Wachtturm und die kleine Insel Gastabi in südlicher Richtung. Wegen der weit ins Meer reichenden Klippen sollte man gehörigen Abstand von Punta Gastabi halten.

Die von Untiefen freie Bucht erlaubt Ankern auf beliebiger Wassertiefe. Ankergrund Sand und Seegras. Der Anker hält nicht immer gleich in der stellenweise dicken Schicht abgestorbenen Seegrases. Unbedingt Ankerlicht setzen, da oft noch nachts Yachten einlaufen.

Die vielgerühmte Bucht bietet leider schon lange nicht mehr die ersehnte Einsamkeit. Der Ankerplatz ist jedoch groß genug, um den in der Hochsaison mindestens 30 gleichzeitig ankernden Yachten genügend Platz zum Schwojen zu geben.

Während sich rund um die Bucht ein feiner Sandstrand zieht, bietet die Ostküste der Insel, die man auf kurzem Weg durch die Dünen erreicht, ein faszinierendes Schauspiel bei starken östlichen Winden: Die Bran-

ᵈᵘng klatscht dann an die ausgewaschenen Klippen und läuft, über Un-

ˉhinweg, an der flachen Südspitze der Insel im offenen Meer sanft

ᴵᵒhnendsten 7 ᵢ⁻ ⁴ittel-

verständliche Informationen enthalten. Ein im Seehandbuch als sicher beschriebener Ankerplatz kann für die viel empfindlichere Kleinschiffahrt so ungeschützt sein, daß ein Ankerliegen dort zu gefährlich ist.

Die Autoren von Revierbeschreibungen für die Sportschiffahrt sind fast immer Segler, die sich lange in dem entsprechenden Gebiet aufgehalten haben und es deshalb wie ihre Westentasche kennen. Es wäre dumm, als Navigator auf diese Revierkenntnisse zu verzichten. Deshalb studiere man schon bei der Vorbereitung die Beschreibungen der Routen und insbesondere der Häfen und Ankerplätze.

Eine besondere Hilfe für den Navigator sind die Handbücher mit Luftaufnahmen der Häfen und Ankerplätze eines Reviers. Nicht nur, daß es sich hierbei meist um herrliche Bilder handelt, sie enthalten auch wichtige

. . . und wie sie, ungleich ausführlicher, in einem Handbuch für die Sportschiffahrt beschrieben und dargestellt wird (hier in dem Band „Balearen" von Gerd Radspieler in der Reihe „Häfen und Ankerplätze").

Einzelheiten für den Navigator, was seinen Zielhafen betrifft. Wenn er sich schon im voraus damit vertraut gemacht hat, kann er sich um so mehr um seine Kursfindung kümmern.

Von den offiziellen Veröffentlichungen sind, neben den Seekarten, die Leuchtfeuerverzeichnisse (Lfv.) von großem Wert. Zwar sind in den Karten die Kennung des Feuers, die Feuerhöhe und die Reichweite angegeben, im Leuchtfeuerverzeichnis findet man jedoch

I. Espalmador

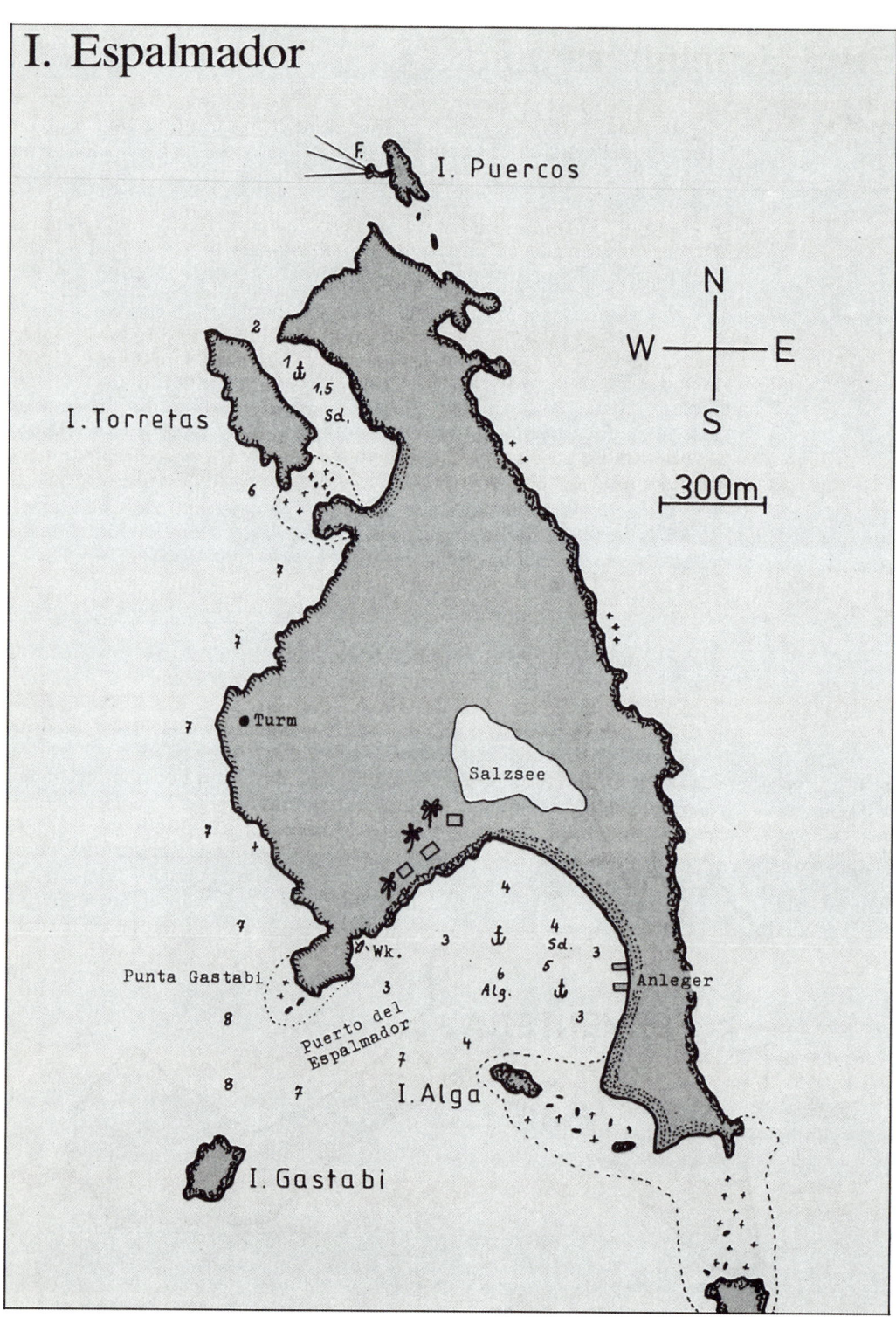

I. Puercos

F.

N
W — E
S

300m

I. Torretas

2
1
1,5
Sd.
6
7
7
7 • Turm

Salzsee

7
7
7
7 Wk.
Punta Gastabi
8
3
8 7

4
3
6
Alg.
4
Sd.
5
3
3
Anleger

Puerto del
Espalmador

4
7

I. Alga

I. Gastabi

Nummer Int. Nr.	Name Feuerträger (Höhe über Erdboden) Breite: N Länge: E	Kennung Zeitmaße • Sektoren •	Wiederkehr	Nenn-Tw. Bemerkungen	Höhe
	Freu Grande de Ibiza-Formentera:				
03170 E 0258	**— Bajo De'n Pou** s-g. Turmbake mit ⚲ 38° 48′ 1° 25′	Fkl. 60 Blitze in 1 min		5 sm	10 m
03180 E 0260	**— Isla Ahorcados, S-Ende** s-w. wgr. gestreifter Turm (20 m) 38° 49′ 1° 25′	Ubr. (2+1) 14 s (2)+1+(2)+3,5+(2)+3,5 s		12 sm	30 m
	Vedrá s. Nr. 03500				
03190	B a j o A h o r c a d o s Lch-Tn. g-s., bakenförmig mit ⚲ 38° 48′ 1° 24′	Fkl. (6)+Blk. 15 s (T) Eingezogen		4 sm	

So ist zum Beispiel das Feuer Ahorcados (in der Durchfahrt zwischen Ibiza und Espalmador) im entsprechenden Leuchtfeuerverzeichnis (Teil V: Mittelmeer und Schwarzes Meer) beschrieben.

zusätzlich eine Beschreibung des Feuerträgers und vor allem die genaue Position nach Breite und Länge. Das Lfv. gewinnt in nächster Zukunft noch mehr an Bedeutung, wenn immer mehr Yachten mit einem GPS-Empfänger ausgerüstet sind, der mit Wegpunkten gefüttert werden muß, um seine Leistungsfähigkeit voll auszunutzen. Man könnte die Positionen auch aus der Karte herausmessen, sicherer, wenn auch ungenauer, jedoch gehen sie aus dem Lfv. hervor.

Wenn trotz aller guten Vorbereitung irgend etwas schiefgeht, ein Trost: Es gibt keinen Navigator, der nicht schon irgendwann einmal etwas falsch gemacht hat. Die meisten Fehler lassen sich korrigieren. Der gesunde Menschenverstand sagt einem schon, wann kein Fehler gemacht werden darf.

Begriffserläuterungen

Abdrift – Versetzung der Yacht durch Einwirkung des Windes. Kann nicht berechnet, nur grob geschätzt werden. Hängt ab von der Stärke des Windes und der See, dem Kurs zum Wind, der Segelführung und dem Segelvermögen einer Yacht.

Ablenkung – Ein Magnetkompaß wird durch Eisenteile in seiner Nähe sowie durch Eigenmagnetismus des Bootes von der erdmagnetischen Nordrichtung abgelenkt, so daß er eine eigene Nordrichtung anzeigt. Als Ablenkung oder Deviation wird der Winkel zwischen diesen beiden Nordrichtungen bezeichnet.

Äquator – „Nullter" Breitengrad. Der einzige Breitenparallel, der genauso lang ist wie alle Meridiane, nämlich 360° mal 60 Winkelminuten, ist gleich 21 600′ gleich 21 600 Seemeilen.

Astronavigation – Astronomische Navigation, Navigation mit Hilfe der Gestirne. Aus dem Winkel zwischen einem Gestirn und dem darunter liegenden Punkt auf der Kimm wird eine Standlinie berechnet. Zweite Messung eines anderen Gestirns oder des gleichen Gestirns an einem anderen Ort am Himmel (Normalfall: Sonne) ergibt zweite Standlinie, damit einen Schnittpunkt der beiden Linien, was der Schiffsort ist.

Azimut – Rechtweisende Richtung.

Backstagsbrise – Der Wind kommt so weit seitlich (raum) ein, daß die Backstagen steifgesetzt werden müssen. Bester und schnellster Segelkurs.

Breitengrad, Breitenminute – Sie zählen vom Äquator aus bis 90° Nord (Nordpol) und bis 90° Süd (Südpol). Alle Breitengrade und -minuten sind gleich lang. Ein Breitengrad ist 60 Seemeilen, eine Breitenminute eine Seemeile lang.

Decca – Hyperbel-Navigationssystem. Die für die Sportschiffahrt geeigneten Geräte werden unter der Bezeichnung AP-Navigator vertrieben.

Deckpeilung – Sehr genaue Standlinie aus zwei hintereinander befindlichen Peilobjekten, die sich in Deckung befinden. Ideal, weil keine Instrumente benötigt werden und die Standlinie keine Fehler enthält.

Deviation – Siehe Ablenkung.

Distanzringe – Konzentrische Kreise auf dem Radarbildschirm, mit deren Hilfe die Entfernung eines Objekts zur Bildmitte und damit zur eigenen Position geschätzt werden kann.

DOS – Disk Operating System. Verbreitetstes Betriebssystem für Personal-Computer. Wichtig für den Kauf von Software.

DOS-Software läuft nur mit DOS. Das mit Abstand größte Software-Angebot aus allen Lebensbereichen (auch in der Navigation) läuft auf DOS.

Echolot – Gerät zum Messen der Wassertiefe unter dem Geber mittels Messung der Zeit, bis das „Echo" von Ultraschall wieder beim Geber ankommt.

Fehlweisung – Summe aus Mißweisung und Ablenkung (Deviation).

Fix – Schiffsort auf Grund des Schnittpunktes von mindestens zwei genauen Standlinien.

Gegenangehen – Hoch am Wind segeln.

GPS – Global Positioning System. Satellitensystem aus mindestens 21 Satelliten, die mit dem entsprechenden GPS-Empfänger rund um die Uhr überall auf der Welt fortlaufend eine auf 100 Meter genaue Schiffsortbestimmung ermöglichen. Das (politisch nicht neutrale) Standard-Navigationssystem bis ins nächste Jahrtausend hinein.

Greenwich – Vorort von London, durch dessen alte Sternwarte der „nullte" Längengrad (Meridian von Greenwich) verläuft. Von diesem Meridian aus beginnt nach Westen und nach Osten die Zählweise der Längengrade und -minuten.

Hypotenuse – Längste Seite eines rechtwinkligen Dreiecks (z. B. Kursdreieck).

Kabellänge – Zehnter Teil einer Seemeile (185,2 m).

Kimm – Sichtbarer Horizont.

Knoten – Nautisches Geschwindigkeitsmaß. Ein Knoten ist eine Seemeile pro Stunde (sm/h).

Kompaß – In der Sportschiffahrt werden ausschließlich Magnetkompasse verwendet. Die Magnetrose oder Magnetnadel richtet sich entsprechend der magnetischen Feldlinien auf der Erdoberfläche aus, also nahezu nach Norden (hängt von der Fehlweisung ab). Kompasse auf Yachten funktionieren genauso wie Spielzeug- oder Wanderkompasse. Wegen der Schiffsbewegungen sind die Kompaßrosen jedoch flüssigkeitsgedämpft.

Kompaßpeilung – Sie ergibt sich aus der Peilung über einen Kompaß mit einer Peileinrichtung, oder sie entspricht dem angezeigten Kompaßkurs, wenn das Schiff genau auf die Peilmarke zuhält, oder sie ergibt sich aus der Summe von Schiffsseitenpeilung mit Peilscheibe und Kompaßkurs.

Koppeln – Ermittlung des Schiffsortes aus zurückgelegter Distanz und Kurs. Extrem ungenaue (und gefährliche) Methode, früher viel verwandt und gelehrt. Zur Schiffsortbestimmung sehr heikel, weil Steuerfehler, unerkannter Strom, unbekannte Ablenkung, unberechenbare Abdrift, unvermeidbare Meßfehler des Logs in den „Schiffsort" eingehen. Viele Schiffbrüche sind auf das Koppeln zurückzuführen. Nahezu jede andere Schiffsortbestimmung ist zuverlässiger und somit unbedingt vorzuziehen.

Kreuzpeilung – Schiffsort aus der Kompaßpeilung von mindestens zwei Peilobjekten.

Kursdreieck – Kartenwerkzeug zum Einzeichnen und Herausmessen von Richtungen, Kursen und Peilungen. Eine Gradteilung ermöglicht die Ablesung vollkreisig von 0 bis 360°.

Längengrad, Längenminute – Sie zählen vom Nullmeridian (Meridian von Greenwich) 180° nach Westen und 180° nach Osten. Der 180. Grad West ist also zugleich der 180. Grad Ost. Nur am Äquator entspricht die Länge eines Längengrades oder einer Längenminute der eines Breitengrades oder einer Breitenminute. Polwärts werden Längengrade immer kleiner, bis sie an den Polen unendlich klein geworden sind.

Laptop-Computer – Werden auch Aktentaschencomputer genannt. Von der Leistung her vollwertige Personal-Computer mit besonders kleinen Abmessungen, geringem Gewicht (drei Kilogramm) und mit unabhängiger Stromversorgung (eingebaute Akkus und Strom von der Bordbatterie zum Nachladen der Akkus).

Log – Instrument zur Ermittlung der zurückgelegten Strecke durch das Wasser.

Loran C – Genaues Navigationsverfahren

mit Hilfe von Laufzeitmessungen der Radiowellen zwischen mehreren Sendern. In Europa im Mittelmeer gut verwendbar.

Meilenfahrt – Absegeln einer bestimmten Strecke zur Ermittlung der Geschwindigkeit über Grund und ungefähren „Eichung" eines Fahrtmeßinstrumentes am Rumpf.

Meridiane – Alle senkrechten Linien auf der Seekarte. Sie haben eine exakte (geographische) Nord-Süd-Richtung. An jedem Meridian kann zum Kursablesen ein Kursdreieck angelegt werden.

Mißweisung – Der Winkel, um den der ansonsten unbeeinflußte Magnetkompaß nicht nach geographisch Nord zeigt. Resultiert daraus, daß der magnetische Nordpol nicht auf 90° N liegt. Mißweisung wird in x Grad West oder x Grad Ost ausgedrückt. Westliche Mißweisung ist „minus", östliche Mißweisung „plus". Mißweisung ist je nach geographischer Örtlichkeit verschieden groß und wird der Kompaßrose in der Seekarte entnommen. Mehrere Yachten im gleichen Seegebiet haben die gleiche Mißweisung, aber nicht unbedingt die gleiche Ablenkung (Deviation).

Notebook-Computer – Personal-Computer, der noch kleiner (Größe eines DIN-A4-Blattes und zwei Kilogramm Gewicht) ist als ein Laptop-Computer und sich somit für den Einsatz an Bord gut eignet.

Parallellineal – Kartenwerkzeug zum Einzeichnen und Herausmessen von Richtungen, Kursen, Standlinien und Peilungen. Mit Hilfe der Gradteilung kann vollkreisig von 0° bis 360° abgelesen werden.

Peilkompaß – Tragbarer Magnetkompaß mit Peilvorrichtung.

Peilscheibe – Dient zum Peilen einer Peilmarke, wenn der Kompaß entweder keine Peilvorrichtung hat oder wegen seiner Position (z. B. niedrige Steuersäule) nicht zum Peilen benutzt werden kann. Die Peilscheibe muß so aufgestellt werden, daß die 180°–360°-Linie parallel zur Schiffslängsachse verläuft. Peilungen mit der Peilscheibe sind Schiffsseitenpeilungen. Die Summe von

anliegendem Kompaßkurs und Schiffsseitenpeilung ergibt die Kompaßpeilung (bei einer Summe über 360° sind 360 abzuziehen).

Peilstrich – Drehbarer Strich im Radarbildschirm, um die Schiffsseitenpeilung auf ein Objekt abzulesen.

Personal-Computer – Abgekürzt: PC. Tisch-Computer, die heute Leistungen bringen wie noch vor ein paar Jahren Industrie-Computer. Erforderlich zum Betrieb eines PC sind ein Betriebssystem (meistens DOS) und eine Software, je nachdem, ob man mit dem PC spielen, Text verarbeiten, navigieren, einen Törn vorbereiten, Wetterkarten verarbeiten, faxen oder was immer möchte. Heutiger Mindeststandard: 640K RAM, ein Diskettenlaufwerk (ob groß oder klein, spielt keine Rolle) und eine Festplatte mit 40 MB. An Bord sollten wegen des Platzproblems und der Stromversorgung Laptop- oder Notebook-Computer eingesetzt werden. Für den Bordgebrauch kann auf die Festplatte verzichtet werden.

Radar – Instrument, um maßstabgetreu die umgebende Landschaft auf einen Bildschirm zu bringen. Die (eigene) Position des Radargerätes befindet sich dabei in der Bildmitte des kreisförmigen Bildschirms. Das Abbild der Umgebung entspricht nicht genau dem optischen Bild und hängt von der Fähigkeit der Ziele usw. ab, die Radarwellen zu reflektieren. Felsen und Metall (große Schiffe) geben gutes Echo, glattes Wasser keines.

rechtweisend – Auf geographisch Nord bezogene Richtungen ohne Fehlweisung. Alle Messungen aus der Seekarte sind rechtweisend. Der Unterschied zwischen fehlweisend und rechtweisend kann auf einem Kunststoffschiff in deutschen Gewässern und meistenteils auch im Mittelmeer so gering sein, daß die Fehlweisung im praktischen Bordbetrieb vernachlässigt werden kann.

Schattenstift – Wird auf den Kompaß aufgesteckt, um mit Hilfe des von ihm geworfenen Schattens die Richtung zur Sonne auf der Kompaßrose ablesen zu können.

Seemeile − Nautisches Längenmaß (1852 m). Sie ist der 60. Teil eines Breitengrades und entspricht exakt der Länge einer Breitenminute − überall auf der Erde.

Sextant − Präzises Winkelmeßinstrument. Wird in der Küstennavigation eingesetzt, um den waagerechten Winkel zwischen mehreren Landobjekten oder den senkrechten Winkel zwischen dem Fußpunkt eines Leuchtfeuers und der Kimm zu messen. In der astronomischen Navigation wird der Winkel zwischen einem Gestirn und dem senkrecht darunter liegenden Punkt auf der Kimm gemessen.

Schiffsseitenpeilung − Peilung bezogen auf die Schiffslängsachse. Schiffsseitenpeilung von 000° ist recht voraus, 090° ist an Steuerbord querab usw.

Speedometer, Speedo − Instrument zur Ermittlung der Geschwindigkeit durch das Wasser.

Standlinie − Eine Linie, auf der sich das Schiff irgendwo befindet.

Strom − Eigenständige Bewegung der Wasseroberfläche. Kann nur aus Vergleich des tatsächlichen Schiffsortes mit dem Koppelort grob nachträglich ermittelt werden. In Tidengewässern regelmäßig und stark, so daß dort die Navigation schwierig sein kann.

UTC − Abkürzung für Universal Time Coordinated oder koordinierte Weltzeit, die in Atomuhren erzeugt und durch Zeitzeichen verbreitet wird.

Variable Range Marker (beim Radar) − Verstellbarer Distanzring, der auf ein Objekt auf dem Radarbildschirm gelegt wird, damit die Entfernung vom Schiff aus auf 50 Meter genau ermittelt werden kann.

Variation − Englischer/amerikanischer Ausdruck für Mißweisung.

Vorhalten − Nicht den optisch direkten Weg zum Ziel segeln, sondern wegen des erwarteten Stroms oder der Abdrift mehr in Richtung der seitlich versetzenden Kräfte segeln.

Weltzeit − Mitteleuropäische Zeit minus 1 Stunde oder deutsche Winterzeit minus 2 Stunden. Entspricht praktisch der früher in der Navigation gebräuchlichen mittleren Greenwich-Zeit (MGZ, GMT).

Bezugsadressen für nautische Unterlagen

1000 Berlin 10
NAUTICON Handels-GmbH
Kaiserin-Augusta-Allee 40
Tel. 030/3448090, Fax 030/3453315

2000 Hamburg 11
BADE & HORNIG GmbH, Herrengraben 31
Tel. 040/374811-0, Tlx: 213136 dsbi
Fax: 040/366400

2000 Hamburg 11
ECKARDT & MESSTORFF GmbH
Rödingsmarkt 16, Tel.: 040/374842-0
Tlx: 2163639 mess d, Fax: 040/373028

2000 Hamburg 73
Versandbuchhandlung K. RADTKE & SOHN
Hohenkamp 30, Tel.: 040/6472250
Fax: 040/6478664

2242 Büsum
Fischer-Genossenschaft Büsum e.G.
Alte Hafeninsel 17, Postfach 1113
Tel. 04834/2500, 2423

2300 Kiel 17
NAUTISCHER DIENST
Kapt. Stegmann & Co.
Maklerstr. 8, Postfach 8070
Tel.: 0431/331772, 332353
Tlx: 292450 naudi d
Fax: 0431/331761

2400 Lübeck-Travemünde
Buchhandlung W. NITZ OHG
Postfach 150220
Rose 2, Tel. 04502/2868, Fax: 04502/2447

2800 Bremen 1
„SEEKARTE", Kapt. Dammeyer, Korffsdeich 3
Tel.: 0421/395051, 395052
Fax: 0421/3962235

2850 Bremerhaven
Datema GmbH, Am Seedeich 39
Tel.: 0471/799815, Fax: 0471/75808

2980 Norden 2
M. WAGNER, Yacht- u. Bootszubehör
Fischereihafen 5, Postfach 1106
Tel.: 04931/81300, Fax: 04931/8608

4000 Düsseldorf-Hafen
Wassersport am Rheinturm
Olbermann & Gulla GmbH, Kaistraße 11 a
Tel.: 0211/305023, Fax: 0211/3981331

6232 Bad Soden
Verlag RHEINSCHIFFAHRT, Sperberstr. 25
Postfach 1325
Tel. 06196/28866

8000 München 45
Leonhartsberger
Seekarten & Jachtzubehör
Marienbader Straße 12
Tel.: 089/3110050

8050 Freising
Medicon Verlagsges. mbH, Wiesenthalstr. 13
Tel.: 08161/22330, Fax: 08161/22333

O-2300 Stralsund
Seemänisch-Technische
Handelsgesellschaft mbH
Querkanal 4a
Tel. 03831/293063, Fax: 03831/297494

O-2540 Rostock 40 Überseehafen
Nautischer Dienst, Kapt. Stegmann
Niederlassung Rostock
Tel.: 0381/36631600, Tlx: 31114
Fax: 0381/36631939

Lösungen der Übungsaufgaben

Seite 29
1. 16,3 sm
2. 38°51,6′N 001°11,2′E
3. 39°01,9′N 001°39,2′E
4. 38°48,3′N 001°28,7′E
5. 16 sm
6. 50-Meter-Linie.

Seite 70
1. 39°08,6′N 001°44,1′E
2. Pt. Grossa
3. 5,23 kn, 280°
4. 244°
5. 249°, 18,7 sm
6. 13.04.00

Seite 35
Kurs 359°
Entfernung 25,8 sm
Fahrzeit: 4 Stunden 18 Minuten (mit dem
Taschenrechner: 25,8/6 kn * 60 min
= Fahrzeit in Minuten, nämlich
258 Minuten. 240 Minuten sind vier
Stunden, Rest ist 18 Minuten)